Bond
Bubble
Burst

국채버블 대붕괴

: 국채투자로 부자가 되는 비밀
The fall of wealth and jackpot chance of wealth

Copyright Notice

Bond
Bubble
Burst

국채버블 대붕괴
: 국채투자로 부자가 되는 비밀
The fall of wealth and jackpot chance of wealth

Copyright(c)2024 by 손대식. 모든 권리 보유.
발행인 및 저자: 손대식.

본 저작물의 모든 권리를 보유한다. 본 출판물의 어떤 부분도 발행인과 저자의 사전 서면 허가 없이 사진, 녹음 또는 기타 전자적 또는 기계적 방법을 포함한 어떤 형태나 수단으로도 재출판, 배포 또는 전송할 수 없으며, 비평적 리뷰에 포함된 간단한 인용문과 저작권법에서 허용하는 기타 특정 비상업적 사용의 경우는 예외로 한다.

Contact Information: sohn2738@naver.com

초판 1쇄 발행 2024년 7월 29일

지은이 손대식
펴낸이 장길수
펴낸곳 지식과감성#
출판등록 제2012-000081호

교정 및 디자인 지식과감성#
마케팅 김윤길, 정은혜

주소 서울시 금천구 벚꽃로298 대륭포스트타워6차 1212호
전화 070-4651-3730~4
팩스 070-4325-7006
이메일 ksbookup@naver.com
홈페이지 www.knsbookup.com

ISBN 979-11-392-2011-7(03320)
값 26,000원

• 이 책의 판권은 지은이에게 있습니다.
• 이 책 내용의 전부 또는 일부를 재사용하려면 반드시 지은이의 서면 동의를 받아야 합니다.
• 잘못된 책은 구입하신 곳에서 바꾸어 드립니다.

지식과감성#
홈페이지 바로가기

저자 손대식(前 KBS 시사교양 전문 PD)

저자는 1952년에 태어났다. 한국전쟁 중에 태어나 한국이 가장 어려웠던 1960년대부터 즉, 지구에서 가장 가난한 나라에서, 오늘날 선진국에 진입한 현재에 이르기까지 한국의 정치, 경제, 사회, 문화 발전을 모두 경험했다. 그는 50년 넘게 주식과 아파트를 연구하면서 투자를 해왔다.

30년간 KBS에서 시사교양 전문 PD로 재직하다 2011년 9월 정년퇴직 후, 자신의 투자 경험과 틈틈이 연구한 자료를 모아 전문적으로 재테크(핀테크) 서적을 집필하기 시작했다. 지금까지 재테크 관련 서적 10권을 집필했다. 공인중개사 자격증을 취득하고 대학원 부설 CRO 과정을 수료했다.

참고 문헌: 저자의 책과 FRED의 그래프를 참조했다.

손대식 저자의 주요 저서 소개.

(1) 2018.2월: 자식들에게만 전해주는 재테크 비밀수첩(개정판)

(2) 2018.4월: 일본인의 눈물(原題: 자식들에게만 전해주는 달러 투자로 재산 4배 불리는 기법)

(3) 2019.3월: 월세 투자자는 바보 투자자다: 자식들에게만 전해주는 Gap투자 후폭풍… 월세파산! 전세파산!

(4) 2019.8월: 한국인의 눈물: 자식들에게만 전해주는 월급쟁이와 가난뱅이가 부자 되는 방법

(5) 2021.8월: 부의 몰락! 원화의 저주, 공포의 LTD가 온다: 자식들에게만 전해주는 숏텀, 롱텀 디플레이션 전쟁 Big Cycle 순환투자법이 답!

(6) 2021.12월: [개정증보판] 한국의 눈물, 한국도 일본처럼 투자할 곳이 완전히 사라진다: 자식들에게만 전해주는 숏텀, 롱텀 디플레이션 전쟁 Big Cycle 순환투자법이 답!

(7) 2023.9월: 부의 창조 히든 스토리: 60세에 시작해도 부자 되는 투자법. 어린이를 평생 주식 부자로 키우는 투자 비법 있다!

(8) 2024.5월: 달러스왑 핀테크만으로 800% 수익 난다!(5大 자산시장 순환투자공식) 펜타곤 투자법
2024.5월: Dollar Swap Fintech make 800%(Assets Market Rotation Investing Formula) Pentagon Investing Method

(9) 2024.7월: 비트코인은 거품붕괴로 0원이 된다. 왜 금인가 비트코인은 더욱 아니다(부크크 POD 형식)
2024.6월 : Why Gold? No Bitcoin! : Bitcoin goes to $0 as bubble bursts.

(10) 2024.7월: 국채버블 대붕괴: 국채투자로 부자가 되는 비밀
2024.6월: Bond Bubble Burst: The fall of wealth and jackpot chance of wealth

Prologue

책 제목이 《국채버블 대붕괴: 국채투자로 부자가 되는 비밀》이다.
대다수 사람들은 책 제목을 보고, 아직 국채 Boom이 불지도 않았고, 따라서 거품이 발생하지도 않았는데, '국채 버블 대붕괴'라니. 앞서가도 너무 앞서가는 것 아니야 하고 생각할 것 같다.

그러나 한국은 개인 투자 전용 국채 판매를 계기로, 국채투자 붐이 시작된다고 보기 때문이다. 그 후 전 세계는 롱텀 디플레이션이 본격화되어 엄청난 국채가격의 대폭등이 일어날 것으로 보기 때문이다. 이 역시 막대한 거품 생성 요인이다.

《국채버블 대붕괴: 국채투자로 부자가 되는 비밀》이라고 제목을 정했지만, 국채를 포함한 모든 채권의 대붕괴는 곧 발생하며, 모든 자산의 붕괴도 곧 발생한다. 그래서 大붕괴라고 한 것이다.

2016년부터 시작된 롱텀 디플레이션으로, 한국은 적어도 2029년까지, 전 세계는 2048년까지 길고도 긴 모든 재화들의 붕괴가 시작되기 때문에 '대붕괴'라고 강조한 것이다.

그러나 모든 나라들의 국채 등 채권만은 이 대붕괴 시기 직후부터, 즉, 외국인들의 환손실 회피성 투매가 끝나자마자, 기나긴 대폭등이 기다리고 있다. 하지만, 2차 기준금리 인상 등으로 인한 국채 등 채권의 2차 거품 대붕괴가 먼저 나타나고 나서, 대폭등은 시작되는 것이다.

롱텀 디플레이션 기간 동안 즉, 일본 같은 경우에는 32년간 국채에 거품이 누적되는 것이다. 지금의 일본 같은 상황이 된다. 이때가 국채 등 채권에 역사상 가장 큰 거품이 생성되는 때이다. 이 사실이 가장 중요하다.

2차 인플레이션을 잡기 위한 미국 연준의 2차 금리 인상으로, 전 세계는 모든 자산들이 대붕괴한다. 이에 놀란 외국인 투자자들은 모든 해외 자산을 투매하게 된다. 달러 환율 폭등에 따른 환차손을 피하기 위한 외국인들의 투매로, 모든 채권 등 국채는 일시적 대붕괴가 시작된다.

이러한 대붕괴와 대폭등의 과정은 결과를 미리 예측하지 못하면, 견딜 수도, 제대로 대처할 수도 없다. 그래서 이 책을 통해서, 독자들에게 다가올 상황들을 도상연습하는 기회를 통해, 채권 즉 국채투자로 부자가 되는 비밀을 미리 소개하는 것과 같다. 미국은 이러한 모든 상황들을 은행에 미리 적용해서 미리 테스트해 본다. 이를 스트레스 테스트라고 한다.

저자는 그동안 많은 재테크 책을 써왔다. 항상 현재를 중심으로 글을 쓰지만 대개의 경우 2~3년 후의 상황을 그동안의 경험과 지식을 총동원하고, 추론해서 글을 쓰게 된다. 미래가 이렇게 변할 것으로 예측되기 때문에 지금 이렇게 투자하지 않으면, 큰 손실이 기다리고 있다고 경고성 글을 주로 쓴다.

우리나라를 비롯해 전 세계는 이미 2016년에 롱텀 디플레이션에 진입해 있기에, 1988.12월부터 롱텀 디플레이션 상황에 처했던 일본 경제를 분석하고 이를 근거로 삼아 글을 주로 쓴다. 일본은 2020 즉 롱텀 디플레이션이 발생한 지 무려 32년 만에 아베노믹스 덕분에 이제, 롱텀 디플레이션에서 탈출했다.

예측해서 책을 내고, 이미 예측한 결과를 비교해 보면, 한국의 이번의 경기순환은 저자의 주장처럼, 2021.6월에 경기순환이 끝나고 즉 주식시장은 이때에 끝났으며, 아파트는 6개월 뒤인 2021.12월에 대세하락기에 접어들었다.

KIKO나 ELS 등에 가입하지 말라고 독자들에게 경고했던《한국인의 눈물》, 《재테크 비밀수첩》 등의 책들이 결과적으로 정확히 맞았음을 알 수 있다. 앞으로 예측되는 것은 국채 버블 대붕괴: 국채투자로 부자가 되는 비밀과 유령달러(ghost dollar)화가 되는 해외 투자 자금들이다. 즉 누구나 해외투자에 나서면 안 된다.

미국의 급격한 기준금리 인상으로 이미 미국국채 등 모든 채권의 거품은 상당히 제거되고, 국채 등 채권의 평가액이 50% 정도씩 폭락하였다. 그러나 지금도 곧 기준금리가 내릴 것으로 예측하고서 사람들이 채권에 서둘러 투자를 하는 바람에 이미 채권에는 거품이 적당히 생겨났다.

지금도 국채로의 돈 몰림 현상은 지속되고 있다. 즉 이것으로 인해서도 국채를 비롯한 채권의 거품은 점점 더 커지고 있다.

이 책 한 권이면 채권시장의 일반이론은 물론 다가올, 채권 거품의 붕괴 과정과 생성 과정을 다 익히게 된다. 이럴 때에 어떻게 돈을 벌고 어떻게 살아남을지를 이 한 권의 책으로 전부 미리 알게 된다.

사람들의 기대와는 달리 3% 이하의 인플레이션율은 향후 4~5년 길게는 10년 이내에는 도달하지 못한다. For higher for longer는 현실이 된다.

이미 채권에 투자한 사람들이나 앞으로 꼬임에 빠져 채권, 특히 국채에 투자할 사람들은 순간적인 채권 거품의 大붕괴와 기나긴 세월 동안의 국채(채권) 가격 폭등을 경험하게 될 것으로 예측한다.

즉, 앞으로 국채(채권)시장에서는 한차례의 폭락과 기나긴 폭등을 경험하게 된다. 지금은 전 세계가 롱텀 디플레이션하에 있다. 한쪽에서는 인플레이션이 진행 중에 있다. 혼란스러운 상태이다.

인류 최초의 롱텀 디플레이션인 미국의 금융 대공황은 19년간, 일본의 롱텀 디플레이션은 32년(2020-1988=32)간이나 진행되었음을 누구나 잊어서는 안 된다.

뒤에서 자세히 설명하겠지만, 2차 거품 붕괴 후에는 채권 중 국채만이 유일하게 대박 기회를 맞는다. 기나긴 롱텀 디플레이션으로, 무려 30년 정도나 수익을 즐기게 될 것으로 본다.

미국의 1980년대에도 미국 국채의 연간 수익률은 무려 18.9%였다. 이 수익률을 30년간이나 누릴 수 있었다. 이때에 미국 국채를 샀다면 말이다.

폴 볼커가 12.1%의 인플레이션 퇴치에 실패하면서 생겨난 일이다. 단기간에 인플레이션을 잡지 못하는 것이 정상일 만큼 인플레이션은 잘 잡히지 않는다. 이번의 9.1% 인플레이션율이 과연 5.25%의 기준금리로 파월이 잡을 수 있다면 무엇이 걱정이랴!

이번에도 파월이 폴 볼커처럼 인플레이션 잡기에 실패할 것으로 본다. 단순히 비례식으로 풀어낸 이번 최고 예상 금리는 무려 18.7%이다. 그동안의 경험과 기록을 통하면 절대로 1차 금리 인상만으로는 인플레이션을 잡을 수 없다. 이른바 볼커의 실수처럼, 파월의 실수는 이미 예견된 일이다.

사실 여태까지 대부분의 투자자들은 채권, 특히 국채가 무엇인지도 잘 몰랐다. 그동안 국채 등 채권은 투자대상으로 적합하지 않았다. 그동안 채권투자를 안 한 것이 옳았다고도 볼 수 있다. 증권회사 은행 금융 관련 회사를 다녀도 채권에 대해서는 그들도 잘 알지도 못할 정도로 거의 다 무관심한 자산이었다.

그동안 국채(채권)는 증권회사 본점의 채권부서에서나 다루는 상품이었다. 그러나 이제는 국채(채권) 대중화 시대를 맞아서, 누구나 알아야 할 상황이 되었다. 게다가 저자가 얼마 전에 새로 정립한 Asset Cycle 순환 투자법 즉 펜타곤(Pentagon)투자법에 따라 이제 재테크 시에는 10년에 한 번씩은 누구나 꼭 국채(채권)투자 과정을 거쳐야만 한다.

따라서 본 저서의 국채투자 방법은 일반적인 불황 시의 채권투자 일반이론으로서 항상 기억하고 실천 투자해야 하는 채권투자에 관한 기본 원리이다. 특히 이번에는, 2016년에 시작된 롱텀 디플레이션시의 국채투자 요령도 같이 분석하게 된다.

즉, 이 한 권의 책으로 평상시의 국채투자 요령과 롱텀 디플레이션 시의 국채투자 요령이 총정리되는 것이다. 결국, 국채버블 붕괴 시에 국채투자로 부자가 되는 비밀이 총정리되는 것이다.

2024.6.2.
판교 우거에서

Table of Contents

Prologue   5

챕터 1) 채권의 종류와 개요   12
챕터 2) 국채(채권) 대중화 시대 왔다   15
챕터 3) 국채버블이 생겨나는 이유   27
챕터 4) 국채버블과 현대화폐 이론(Modern Monetary Theory)   38
챕터 5) 오직 국채에만 투자하라   42
챕터 6) 국채 투자의 또 다른 한계   48
챕터 7) 겨우 금리 0.25% 변동에도 벌벌 떠는 국채시장. 왜?   52
챕터 8) 국채, 어디까지 오를 수 있나   59
챕터 9) 실제 시장에서의 국채 거래   64

챕터 10) 국채 시세차익은 만기가 되면 연기처럼 사라진다   68

챕터 11) 국채버블 1차 대붕괴는 이미 지나갔다   70

챕터 12) 국채버블의 2차 붕괴 이유: 시나리오 ①②③   93

챕터 13) 국채버블 붕괴 시의 투자법   101

챕터 14) 유령 달러(Ghost Dollar)가 생겨난다   105

챕터 15) 국채버블 붕괴 당시의 구체적 대박 사례   109

챕터 16) 채권(국채)투자로 부자가 되는 비밀   119

챕터 17) 금융투자 소득세와 국고채 투자   130

Epilogue   132

챕터 1) 채권의 종류와 개요

우리가 개인 간에 돈을 거래할 때는 차용증이라는 걸 쓴다. 언제 갚을 것이고 이자는 몇 %로 한다 등의 조건이 필요하다. 돈을 안 갚을 경우를 대비해서 값나가는 물건으로 담보를 제공하거나 받기도 한다. 물론 담보 없이 그냥 서로 믿고 거래하는 경우도 있다. 아니면 사람이 보증을 서는 경우도 있다.

사람들은 은행에서 돈을 빌릴 때에는 대출 서류라는 걸 제출해야 한다. 이것도 이름을 달리한 차용증이다. 각국 정부에서도 기간시설이나 국민들의 복지 개선 등을 위해 돈이 필요하다.

정부는 국민들에게서 거두어 가는 수입(세금) 한도 내에서 돈을 써야 한다고 법으로 정해져 있다. 이 돈이 부족하면 역시 차용증을 쓰고 회사나 개인 혹은 다른 나라에서 돈을 빌려다 쓰게 된다.

정부는 기업이나 개인 등에게서 돈을 빌릴 때 차용증이란 것을 일일이 써 줄 수는 없다. 관리하기도 힘들거니와 국격도 떨어진다. 그래서 국가가 돈을 빌릴 때 발행하는 차용증서가 국채다. 회사들도 더 많은 돈을 벌기 위해서 투자할 돈이 필요한데 이들이 발행하는 차용증은 회사채라고 한다. 이것들 전부 이름을 달리한 차용증서다.

사람들은 국채 발행 없이 각국 정부는 중앙은행에서 빌려 쓰면 되지 않느냐고 생각하기 쉽다. 그러면 아무도 정부를 통제하지도 못하고, 인플레 초인플레 등이 유발되기에, 정부가 돈을 빌리려면, 국회의 동의를 얻게끔 제도가 완비되어 있어 정부도 마음대로 필요한 만큼 돈을 빌리지 못한다. 국회의 승인이 필요하다.

그래서 정부도 세금보다도 돈을 더 쓸려면 국채(차용증서)를 발행할 수밖에 없다. 국민들이나 기업 등에서 돈을 빌리는 것이다. 이것이 국채의 본질이다.

이처럼 여러 상황에 따라서 채권은 여러 가지로 나뉠 수 있다. 국채와 지방채, 이표채, 할인채, 복리채, 보증채, 담보채, 무보증채 등등 수없이 많다. 그 종류와 이름은 다른 책에서 습득하고, 우리는 유의점 몇 가지를 정리해 보자!

특히 본 저서에서 국채라고 하는 경우, 국채와 국채를 제외한 기타의 모든 채권으로 양분할 때의 국채로 생각해 주기 바란다. 그래야 헷갈림 없이 구분이 될 것이다.

1) 이 중 만기채와 **영구채**를 먼저 알아두어야 한다.
여태까지는 채권은 전부 만기가 있는 형태로 발행되어 왔다. 그러나 얼마 전부터 영구적으로 영원히, 갚지 않아도 되는 영구채 형태도로 발행되기 시작했다. 영구채는 영구적으로 이자를 주는 채권으로 만기가 없다.

여태까지는 없던 신종채권이라고 할 수 있다. 영원히 갚지 않아도 되므로 자본금 같은 성격도 있다. 그래서 자본 계정에 포함된다. 그래서 이를 신종 자본증권이라고도 한다. 우리나라에도 은행 몇 곳과 기업체 몇 곳이 발행한 적이 있다.

이번에 M&A로 없어진 크레디트 스위스 뱅크 영구채의 발행조건이 부각된 적이 있다. 필요에 따라 아무 보상도 없이 즉 대가를 지불하지도 않고 계약에 따라, 즉 발행조건에 따라 회사 측에서 발행한 영구채를 일방적으로 소각 처리 하였다. 한 마디로 황당한 채권이다.

발행조건에 포함되어 있는 조항대로 처리했으니 합법이다. 어느 영구채나 같은 발행조건은 아니므로 각 영구채마다 발행조건을 전부 알아두고 투자해야 한다. 일정 조건하에서 소각, 감자 등이 가능하다.

2) 또, **장기채와 단기채의 구분**도 제대로 알아두자. 이는 발행 당시의 기간으로 나뉘는 것이 아니라 사고파는 시점에서 잔존기간으로 판단해야 한다는 점을 기억해야 한다.

10년채로 발행했어도, 만기가 1년 이하이면 단기채가 된다. 만기까지 남은 기간으로 분류해야 한다.

3) 채권수익률은 채권에 투자해서 벌어들이는 돈이 원금의 몇 %인가를 나타내는 말이다. 돈을 빌려주는 측에서 보면 수익이므로 채권수익률이란 단어를 쓴다. 하지만 돈을 빌린 측에서 보면 채권이자율이 된다.

결국 채권과 관련해서는 **채권이자율=채권수익률=금리=이율=이자율**이 전부 같은 말이다. 단어는 여러 가지이지만 전부 같은 말이다. 헷갈리지 말아야 한다. 국채와 국고채도 같은 말이다.

챕터 2) 국채(채권) 대중화 시대 왔다

매월 손쉽게 들어오는 월세만으로 살아간다면 누구나 행복하여 인생은 항상 즐거운 것이 될 것이다. 월세보다도 더 편하고 안전하게 국채 이자로 살아가는 방법도 있는 것이다.

채권은 국가에서 발행하는 국채와 회사에서 발행하는 회사채, 지자체에서 발행하는 지방채 등등 종류가 많지만 제일 좋은 것은 역시 나라가 망하기 전에는 원금과 이자를 지급하는 국채(국고채)다. 위험이 없으므로 무위험 자산으로 분류한다. 즉 최고의 채권은 국채다. 그러나 다른 채권에 비하여 이자가 적다.

미국 국채는 달러와 같고 이자도 나오는 것이어서 각국 정부는 외환보유고(달러)를 보관하는 한 방법으로 미국 국채를 사 두기도 한다. 요즘은 해외에 재산을 투자하는 것이 유행이어서 미국 국채를 사 두는 국내 개미투자자들도 있다.

국내에서는 증권사들이 RP 형태로 미국 채권을 상품으로 팔기도 한다. 미국 국채 금리가 3%라면 연간으로 환산해 보면 1억 투자 시 이자로 연간 300여만 원이 나온다. 여기에서 역시 세금을 15.4% 공제하고 나면 250만 원 정도 된다.

월평균 소득이 21만 원인 셈이다. 흔히들 2인 가구 월 최저생활비로 270여만 원이 필요하다고 하니까 국채 이자로만 살아가려면, 환율에 따라 다르지만 적어도 국채를 12억 원어치를 사 놓아야 월 소득 270만 원을 달성하는 것이 가능하다.

이렇게 큰돈을 현찰로 가진 사람도 거의 없을 것이고, 곶감 빼 먹듯이 이렇게 투자하는 사람도 거의 없다. 미국은 부채 비율이 높은 나라다. 미국과 달리 한국은 나라의 빚이 적어 국채 발행액도 많지 않고 2년물, 5년물, 10년물, 20년물, 30년물 등으로 다양하지도 않다.

거래량이 적어 시세 또한 제대로 맞게 형성되지도 않는다. 매매는 역시 증권 회사에서 직접 혹은 HTS를 통해서 할 수 있는데, 거래량도 미미하여 거래도 쉽지 않다. 현재 우리나라의 30년물 국채금리는 약 2% 정도로 미국 국채보다도 이자율이 낮다.

국채는 평상시에는 가격 변동이 거의 없기도 하다. 그래서 여러 가지로 개미 투자자들에게는 맞지 않는 상품이다. 즉 평상시에 국채는 투자대상이 아니다. 그러나 개미투자자들도 국채를 꼭 사야 할 때가 있고, 꼭 팔아야 할 때가 있다.

주식→아파트→달러→예금→국채의 5가지 재테크 투자대상 자산들의 자산 사이클(Asset Cycle)에 따라서 투자해야 한다는 투자법칙 즉, 펜타곤 투자법의 5단계 때에는 반드시 국채에 투자해야 한다고 저자가 이론화한 바 있다. 롱텀 디플레이션이 진행될 때에도 금리가 지속적으로 내리므로 당연히 국채에 투자하여야 한다.

저자가 분석해서 이론화한 펜타곤(Pentagon) 투자법에 따르면 자산시장 투자 사이클의 마지막 5단계에서는 누구나 국채에 투자하여야만 이익을 극대화할 수 있다.

자산 사이클의 첫 순서인 주식부터 투자하여 마지막 투자 수단이 국채에 도달하면 이미 수익은 거의 8배 가까이 불어나 있을 것이다.

이 큰 자금을 국채에 전부 투자하게 되므로 투자원금과 비교하면 약 8배의 국채를 살 수 있다. 펜타곤 투자법 5단계는 이미 경기는 기울어, 디플레이션 상태에 들어온 지 약 7~8년이나 지났을 때이다.

이때에는 즉 숏텀 디플레이션 때에는 현찰이 최고라는 것은 누구나 알고 있는 사실이다. 이때에 다른 자산 즉 주식이나 아파트 달러 예금 등에 투자하면 오히려 손실은 늘어나기만 할 때이다. 그러나 이때 국채에 투자하면, 오히려 자산을 다시 1~2배 더 늘려주는 투자 수단이 된다.

즉 자산 사이클상 국채가 아니면 전부 손해를 보게 되는 때이다. 그리고 펜타곤투자법 5단계에서, 현금보다 더 좋은 투자 자산은 맥쿼리인프라 펀드 정도가 있다. 투자할 곳이 완전히 사라진다.

한편, 국채 등 채권을 팔아야 될 때는 새로이 경기순환이 시작될 때이다. 전년도, 연간 국제수지가 흑자일 경우에는 새로운 경기순환이 시작되는 것이므로, 국채를 팔고 이제 주식 투자에 다시 나서야 할 때가 된 것이다.

그러나 한국을 비롯한 전 세계에 닥친 이번의 롱텀 디플레이션은 2016년에 시작되었고, 이미 8년 차에 접어들었다. 단지 우리가 아직 피부로 느끼는 정도가 약할 뿐이며 디플레이션 진행 중에 각국의 양적 완화로 약한 인플레이션이 전 세계에 잠시 진행 중이다. 이 말은 상당 기간 다시 주식에 투자할 기회가 오지 않는다는 뜻이다.

다시 본론으로 돌아와서,
국채는 국가에서 발행한 채권이므로 현금과 마찬가지다. 정부가 망하지 않는 한 분기마다 매번 이자를 준다. 만기 시에는 원금 100% 돌려준다. 보통 이자율은 1~3% 사이이지만 금리가 오르면 채권 가격은 폭락하고 금리가 내리면 폭등한다.

10년짜리 국채라면 금리가 1% 오르고 내림에 따라 채권 가격이 최소로, 약 7%(소숫점 이하를 절사한 수치임. 이하 같다)씩 폭락하거나 폭등한다. 이 7% 정도의 가격 변동에 왜 폭등과 폭락이라는 단어를 쓰느냐 하면, 펜타곤 투자법 5단계에 따라서 불어난 투자액을 전부 다 국채에 몰빵 순환투자하므로 절대적인 수익액이나 손실액이 크기 때문에 폭등이나 폭락이라는 단어를 쓴다. 투자 원금이 8배 정도는 불어나 있을 것이기 때문이다.

또, 금리의 1% 등락으로, 채권 가격이 7%나 등락을 하기 때문이기도 하다. 국채는 평상시에는 가격 변동도 거의 없는 자산이기 때문에 더 폭락하거나 폭등하는 것으로 느껴지기 때문이다.

시중에는 국채나 회사채 투자에 관한 두꺼운 책들이 많이 발간되어 있지만, 책 한 권을 읽어 봐야 얻어 낼 수 있는 정보도 거의 없다. 금리가 1% 내리면 10년물의 채권 가격은 절사하여 보더라도 약 7%가 오른다는 사실, 이것이 바로 채권투자의 핵심 정보인데, 이것마저 알려 주지 않는다.

20년물은 금리가 1% 하락하면 당연히 14%가 오르고, 30년물은 21%가 급등한다는 것이 핵심 정보다. 반대의 경우는 비례하여 내림은 물론이다.

따라서 이 정보는 중요하므로 개인투자가들은 영원히 잊지 말아야 한다. 어느 나라 어느 시대에도 금리와 채권수익률의 이 수치 관계는 같다. 사실 이 정보마저도 공개하지 않는 채권투자 관련 책들이 더 많다. 이 정보는 채권평가 전문회사와 기관투자가들만 공유해 왔다. 한국에는 3~4곳의 채권평가, 즉 신용평가 전문회사들이 있다.

* 디플레이션이 진전되면 진전될수록 금리는 꾸준히 내릴 운명이 된다. 보통 국채는 발행금리가 1~3% 이하이다. 우리나라도 롱텀 디플레이션이 2029년 정도까지는 계속되므로, 현금의 상대적인 가치는 계속 오른다.

즉 현금이 실제로 오르는 것이 아니라 다른 물건, 즉 부동산, 주식, 생필품, 금, 은 등 세상의 모든 물건은 값이 내리니까 현금의 구매력이 더 커진다는 뜻이다. 그래서 숏텀 디플레이션이든 롱텀 디플레이션이든 디플레이션 시에는 현금이 최고라고 하는 것이다.

이렇게 현금은 액수가 늘지 않아도, 즉 이자가 거의 없이도 최고라는 말을 쓰는데, 국채는 이자에다가 자본이득 즉 가격까지 오르니 어떤 게 더 좋은가는 불문가지다. 맥쿼리인프라 펀드도 채권처럼 이자율에 따라서 시세가 변동된다.

유가증권시장에는 주식뿐만 아니라 채권도 있다. 한국 채권시장은 거래량도 많지 않고 시세도 제대로 제공되지 않는데, 어떻게 국채를 사느냐고 반문할 수 있다.

이럴 경우를 대비(?)하여 증권시장에는 국채 ETF가 상장되어 있다. 이를 통해서 매매하면 국채 실물을 보유한 것과 비슷한 효과가 있다. 단기채 ETF 국고채, 3년물 ETF 국고채, 5년물 ETF 국고채, 10년물 ETF 국고채, 20년물

ETF 국고채 등등이 상장되어 거래되고 있다. 채권 ETF는 사실 채권투자가 아니다. 채권수익률이나 채권 선물에 투자하는 것이다.

얼마 전에는 브라질 국채가 시장에서 인기를 끈 적이 있다. 전액 비과세이며 이자도 10%나 된다. 브라질 화폐가치가 아무런 변동이 없었다면 연간 10%의 브라질 국채는 최고의 투자자산이 된다. 한국의 정기예금 금리가 2%에 불과한 현실과 비교해 보면 금방 알 수 있다.

하지만 '그렇게 좋은 투자상품이라면 증권회사에서 자기 자금으로 투자해 두고 채권 만기 때까지 수익을 누리지, 왜 일반 고객들에게 팔겠는가?'를 생각해 보면 피할 수 있는 투자자산이었다. 증권회사들은 선취수수료 3% 정도를 챙기고 수조 원어치를 멍청한 국내 투자자들에게 팔았다.

투자의 세계는 정글과 같다.
투자는 제로섬 게임이다.
누구도 믿어서는 안 되고 스스로 공부하고 체득하여 실천하여야 한다.

국제적으로 시야를 넓혀보면 아르헨티나, 그리스, 터키 등 국채 가격이 폭락(국채 수익률 폭등)한 나라들도 많다. 그리고 어느 나라의 국채의 수익률이 6%가 되면 국가 부도로 치는 국제관행이 있다. 즉 국채 이자가 6% 정도면 어느 나라, 누구에게서도 달러 자금 조달이 불가능해진다는 뜻이다.

이런 나라들은 IMF의 구제금융을 통해서만이 국제통화인 달러를 조달할 수 있다. 국제적으로 관행적인 국채 최고 이자율은 6%라는 뜻이다. 다른 나라에의 국채 해외투자는 달러와 현지 화폐의 환율 예측에 실패하면 브라질 국채처럼 끝이다.

마지막으로 6% 이자율의 의미를 확실히 해보자.
이 정도 이자가 나오는 국채라면 평생 가져가도 되는 이자율이다. 무위험 이자율이니까, 이 정도로 매년 재산을 늘려 갈 방법은 거의 없다.

* 한국에서도 2024.6월부터는 개인투자용 국채를 1년에 1조씩 판다. 일본에 이어서 국채 붐을 정부가 조성해 나갈 것이기 때문이다. 국내 국채 수요를 다변화하고, 노후 대비 저축용으로, 10년물, 20년물 2가지로 발행한다. 상속은 가능하지만 양도가 불가능하고, 담보로서도 쓸 수 없는 개인만이 소유할 수 있는 희한한 국채다. 이자도 만기 때, 한꺼번에 준다.

정부가 국채 붐을 조성하려면 Band wagon 효과가 있는 유명인을 동원하게 될 것이다. 독자들은 이런 국채에는 투자하면 안 된다는 것을 직감적으로 알아야 한다. 독자들은 이 행렬에 참여하지 말길 바란다.

그 이유는
1) 개인투자용 국채는 절대적으로 안전하고 만기에는 이자도 복리로 나오고, 단기적으로는 기준금리 인하가 기대되므로, 국채가격이 이론가격보다 더 오르는 국채투자 붐(Boom)이 일어날 수도 있다.

2) 그리고 기준금리를 적당한 때보다 미리 내리는 '파월의 실수'에 따라서 인플레이션율이 단기간에 급등할 것으로 저자는 예측한다. 그 후 이를 진정시키기 위한 기준금리 인상이 또다시 급격하게 이어질 것이다.

기준금리 인상으로 환율이 급등하게 되어 외국인들은 한국 국채 등 채권을 투매하고 한국을 떠나게 된다. [그림 3]의 1980년대 이후 2006년까지를 살펴보면, 3~4차례의 금리 인상과 금리인하가 있었음을 알 수 있다. 이번에도 적어도 한 차례, 즉 2차 국채 급락 사태가 올 것으로 예측한다.

이때가 국채 투자자에게는 외국인들이 투매하는 국채 매수의 최고 적기임은 말할 필요도 없다. 곧 기준금리는 다시 내릴 것이기 때문이다. 이때부터 롱텀 디플레이션이 본격화되면서 국채 등 채권의 장기간 폭등이 남아 있음을 알아야 한다.

개인 투자용 국채는 10년 혹은 20년간 재산권을 포기한 것과 같으므로 시세차익을 실현할 수도 없다. 이때에 개인 투자용 국채를 보유한 투자자들은 실체를 알게 된다. 그러나 중도 환매는 일정한 조건에 따라서 가능하기는 하다. 개인투자용 국채 소유자들은 만기까지 보유하면 시세차익은 연기처럼 사라진다는 것을 알게 될 것이다.

시세차익은 누리지 못하지만 만기 시까지 원리금은 보장된다. 개인 투자용 국채 투자자들에게는 가슴 아픈 일이지만, 어쨌든 정부의 의도대로 국채 대중화 시대는 온다고 본다.

발행조건을 변경시키지 않는다면, 결국 정부는 통화환수 등 소기의 목적을 달성할 수 없을 것이다. 결국에는 발행조건 중 양도·담보 제공에 관한 조항을 포기해야만 겨우 목표 달성이 가능할 것으로 본다.

그러나 롱텀 디플레이션으로 진정한 국채 대중화 시대는 지속될 것으로 본다. 한국은 2029년, 전 세계는 2048년 정도까지다. 이때까지 엄청난 거품이 국채에는 발생하게 된다. 이 거품은 롱텀 디플레이션이 해결되면서 없어질 것이다. 이때 거품 붕괴 때에는 반드시 빠져나와야 한다.

또, 지금은 불황의 끝자락이므로 은행 등 금융 회사 등의 악랄함을 항상 기억해야 한다. 경기가 하강기이거나 불황이 극에 달하면 금융 회사들의 악랄함이 극에 달한다.

* 금융 회사들의 악랄함

은행들이 가끔, 무지한 중소기업과 대중들에게 사기 상품을 팔기도 하고, 손해를 보지 않기 위해서 주가를 조작하기도 한다. 서브프라임 모기지 채권을 이리 섞고, 저리 섞어서 CDO(회사채나 금융회사의 대출채권 등을 한데 묶어 유동화한 신용파생상품)라고 이름 붙여 팔았다.

결국 이 채권들의 디폴트로 인한 2008년 세계 금융위기도 여기에 연유한 것이다. 그 후 이들은 이 사기 사건으로 일부 은행은 대규모로 벌금을 내고 없어지기도 하였다.

한국에서의 대표적인 사기 사건은 파생 상품 KIKO와 도이치 은행의 ELS 만기일의 주가 대폭락을 시키기 위한 대량 매도로 주가를 조작한 일이다. 은행, 증권, 보험 등도 자기들의 이익을 위한 존재이지 결코 나를 위한 존재가 아님을 알고 철저히 금융 상품을 분석해야 하고 공부해야만 속지 않는다.

독자들은 과거 정부 시절의 옵티머스 라임 디스커버리 사기 펀드에 가입하지는 않았는지 궁금하다. 저자는 금융회사 등 남을 잘 믿지 않기에 펀드에는 가입해 본 적이 없다. 그래도 가장 믿을 만한 금융 회사는 우체국이라고 보면 맞다.

파는 상품이 많아 우체국을 은행이라고 불러도 좋을 지경이다.

사기성 상품을 판다 해도 정도가 가장 약하며, 정부가 100% 지분을 보유하니 망할 이유도 없다. 특히 보험 상품은 우체국 보험이 가장 유리하다는 것을 참고로 말해 둔다.

* 증권 회사의 악랄함

DLS 발행액이 수십조 원이나 된다고 한다. 발행액은 어마어마하다. 이미 롱텀 디플레이션에 진입해 있으니까 위험하다. 이 DLS는 풋(put) 상품이다. 이 DLS는 이번의 대세 하락 시에 주가 폭락의 주범이 될 것이다.

이 ELS를 발행할 때 증권사들은 헤지를 위해서 의무적으로 판매액의 약 10% 정도를 매번 공매도를 미리 해둬야 한다. 이번 주식시장 대세 상승의 끝은 2021년 6월로 본다고 2018년에 이미 책을 통해 공개한 바 있다. 정확히 맞았음은 물론이다.

종합 주가지수나 주가가 내리지 않으면 증권 회사들은 시중 금리의 약 4~5배의 금리를 ELS 상품 구매자인 개미투자자들에게 3년간 지불해야 한다. 평균 8% 정도다. 이들은 판매 당시에 역마진 상품을 개미투자자들에게 판 것이다.

이들이 바보가 아닌 이상 갖은 수단을 동원하여 주가나 종합 주가지수의 하락을 원할 것으로 보인다. 한편 공매도 의무화로 자연스러운 주가 하락을 유도하는 상품을 판 것이다.

만약, 만기일까지 목표 지수나 목표 가격까지 내린다면 판매액의 40% 정도는 모두 증권 회사의 수익으로 돌아간다. 성공만 한다면 수조 원 정도가 일시

불로 증권사에 수익으로 잡히는 것이다. 만약 안 내린다면 증권사들은 역마진으로 부실화될 것이다.

일본의 1990년 대세 하락기 시절 약 4~5곳의 증권 회사와 더불어 많은 은행과 보험 회사가 부도 처리 되었음을 잊어서는 안 된다. 이들은 이 기간에 세계 최초로 '풋(Put)'이라는 상품을 무제한 팔아 재꼈다.

풋은 지금의 DLS와 같은 파생 상품이다. 이름만 다른 상품이다. 우리도 2021년 6월부터 시작된 대세 하락기에는 DLS 등의 대폭적인 하락세를 보고 있다.

* 금융 회사, 특히 은행은 믿어도 된다는 순진한 생각

제일 먼저 우리는 금융기관이라는 말을 쓴다. 통상 기관이란 국가기관 공공기관 등처럼 대체로 국가나 그 주변 기관이라고 할 때 붙이는 신뢰를 나타내는 단어다.

그런데 우리는 관치금융에 익숙해져 있어서 그런지 금융기관이란 말을 자연스레 쓴다. 한마디로 금융기관이란 단어는 없다. 금융 회사라고 해야 옳다. 전부 이익을 목표로 하는 주식회사이다.

금융 회사 중 은행들의 현금이나 예금의 인출, 송금 등 눈에 보이는 돈 관리는 믿어도 된다. 즉석에서 육안으로 확인이 가능하기 때문이다.
그러나 파생 상품 시장, 보험, 펀드 등에서는 금융 기관, 아니 금융 회사들은 믿어서는 안 된다. 요즘은 은행에서 보험도 팔고, 펀드도 판다. 이 업무는 은행 고유 업무가 아니다.

이들은 이런 파생 상품을 팔고, 전문 금융 회사에서 막대한 판매 수수료를 받는다. 넓은 지점망과 그동안의 신용을 적당히 써먹는 것이다. 그러나 일반인들은 이 상품들이 은행의 고유 상품인 줄 안다.

'KIKO'라는 달러 파생 금융 상품은 사기 판매로 고소되어 재판을 받고 은행들이 승소했지만, 개인적 생각으로는 사기 판매한 것이 맞다고 본다. 판사는 사회적 파장을 생각해서 합목적적으로 판결을 했을 것이다.

인사이트 펀드, 브라질 국채, RP 달러 채권 등 금융 회사들의 특판 상품은 꼭 투자자들이 다시 역발상을 해 봐야 한다.

이들의 주장과는 달리 거꾸로 투자를 하면 어떨까 하고 생각해 보는 습관을 들여야 한다. 이들은 끼워 팔기도 하며, 상품 내용도 자세히 모르고 외국 상품을 팔기도 한다. 그러나 책임은 전부 투자자가 져야 한다.

챕터 3) 국채버블이 생겨나는 이유

채권 특히 국채에 버블이 생겨나는 이유는 금리 인하에 대한 지나친 기대감 때문이거나, 과거 일본처럼 롱텀 디플레이션으로 금리가 지속적으로 내리고, 국채는 천정까지 오를 것으로 기대해서 투자자들이 이론 가격보다도 높은 가격임에도 국채를 매수하기 때문이다.

이론 가격보다 국채가격이 높다면 버블이 이미 생긴 것이다. 국채 등 채권은 금리에 따라 가격이 자동적으로 움직이고 조절된다. 채권의 거래량이 많지 않은 나라에서는 이마저도 잘 안된다.

거기에다가 사람들의 향후 금리 예측이 서로 다르다. 그래서 이자와 국채가격 사이에는 미스매치가 생겨난다. 즉 가치와 가격이 다르면 거품이나 역거품이 있다고 생각하면 맞다.

돈을 더 벌기 위한 사람들의 욕심은 한도가 없으므로 국채와 금리 사이의 미스매치는 금융위기 외환위기 등으로 경기가 변동될 때에는 흔히 더 크게 나타난다. 그러하니 버블이나 역버블은 경제 상황에 따라서 생겨나는 것은 당연하다고 하겠다.

평상시 즉 경제가 순풍을 달고 나아갈 때는 버블이 거의 발생하지 않는다. 즉 이자 요인 외에는 국채의 가격 변동이 없다. 따라서 수입금의 일정 비율을 채권으로 비축해야 하는 보험회사나 일시적으로 남는 자금을 굴려야 하는 기업 등과 막대한 자금을 굴려야 하는 기관투자자 외에는 국채에 관심이 없었던 개인들의 그동안의 투자 행태는 옳은 것이었다.

그리고,
저자의 '펜타곤 투자법'이 2024.4월에야 발간되었디 그러하니 그때까지, 국채 등 채권은 개인투자자들의 투자대상도 아니었다.

《달러스왑 핀테크만으로 800% 수익 난다!(5大 자산시장 순환투자공식) 펜타곤 투자법》이란 제목으로 국채 투자법은 이제야 정리되었고, 이제는 자산 사이클 투자법에 따라 국채는 경기순환 때마다 즉 10년에 한 번씩은 꼭 투자해야 할 투자대상 자산이 된 것이다.

즉 사람들이 고유의 돈보다 더 돈을 창조해 내려면 자산 사이클(Asset Cycle)에 따른 순환 투자법의 마지막 5단계에서는, 이제는 8배로 불어난 투자금을 국채로 한 차례 더 순환투자하여야 한다. 여기에서 다시 1~2배의 수익을 또 올릴 수 있다.

자본주의 경제에서는 어떤 물건이 인기가 있으면 거품 즉 버블이 저절로 생겨났다가 사라지고는 한다. 가치를 중심으로 가격이 변한다. 가치보다 가격이 낮으면 역버블 상태이다.

[그림 3]은 미국의 70년간의 기준 금리(1954.7.1.~2023.5.30.)를 나타낸 그래프이다. 1980년대 이후부터 2006년 이전에도 채권 등 국채시장에는 수많은 거품 형성기와 거품 붕괴기가 존재했음을 알 수 있다. 1980년대 이후 2006년 이전 구간과 2006년 이후 구간으로 나눠서 살펴보기로 한다.

이번의 금리 파동은 2006년 금융위기 때부터 시작된 것으로 보기 때문이다.

따라서 2006년 이후를 집중적으로 살펴보기로 한다.

[그림 3]을 통해서 시기별로 나누어 개략적으로 거품형성기와 거품 붕괴기를 살펴볼 수 있다. (A) 구간과 (C) 구간이 거품 생성기이고, (B) 구간과 (D) 구간은 거품 붕괴기이다.

(A) 〈2006~2015년〉 거품 생성기:
이때가 거품이 생성된 기간이다. 2006년 금융위기 직전의 미국 기준금리는 5%대 전반이었다. 그 후 경기가 급속히 나빠져서 0%대 금리를 약 8년간 (2008~2015년)이나 유지해야만 했다.

이에 따라 국채가격은 10년물 기준으로 35%가 폭등했을 것이다. 불황으로 시중은행들은 신용창조를 못 하고 풀린 돈을 다시 미연준에 초과준비금으로 예금하던 시절이었다. 돈을 융자해 줄 곳이 없으니까 미국 은행들과 빠른 투자자들은 미국 장기 국채에 베팅했을 것이다. 시중 은행들은 7년 이상 정말로 짭짤한 수익을 올렸다.

(B) 〈2016~2019〉 1차 거품 붕괴기:
거품이 꺼진 시기는 그 후 0%대이던, 기준금리를 2016년 전반부터 올리기 시작한 때부터다. 2019.7월경에는 2.4%대까지 기준금리가 올랐으니까, 장기 국채는 기준금리 인상율에 비례해서 폭락했다. 검토하기로 한 기간 중 2006년 이후의 기간 중에서 이때가 첫 거품 붕괴기이다. 즉, 1차 거품 붕괴기이다.

(C) 〈2019~ 2022〉거품 생성기:
다시 거품이 생성되는 시기가 왔다. [그림 3]의 (C) 구간이다. 2019.11월 코로나 사태가 발생하여 다시 0%대 기준금리가 되었다.

(D) ⟨2022~2023⟩ 2차 거품 붕괴기:
2022.6월, 41년 만에 약 9.1%의 인플레이션이 발생했다.
2022.3월 0.25%의 첫 기준금리 인상을 단행했다. 놀란 연준은 2022.5.5일에는 한꺼번에 금리를 0.5%나 인상시킨다. 그 후 계속 금리를 올려서 2023.7.27일에는 5.25%의 금리가 되었다.

이때 즉, 2022.3.17일, 첫 기준금리 인상일부터 2차 채권버블 붕괴기 시작일이다. [그림 3]의 (D) 구간이다. 이번에는 기준금리를 무려 2,100%나 인상했다. 정말 대단한 금리 인상율이다.

2022.3월, 0.25%에서 출발한 금리 인상은 2023.7.27일 5.25%까지 인상된다. 1년 6개월 만에 5%를 인상한 것이다. 아마도 이번 금리 인상이, 단기간에 역사상 가장 급격하고 높은 금리 인상율일 것이다.

약 20년 이상 인류는 저금리 상태와 중국의 WTO 가입으로 저 인플레이션을 즐겼다고 볼 수 있다. 이제 이번 금리 인상을 계기로 약 40년간 고금리 상황이 온다는 주장을 감안해서, 저자는 이번 **국채 버블 대붕괴인 (D) 구간을 티핑 포인트로 보고, 2016년 이후 2번째 붕괴임에도, 이 구간을 1차 대붕괴** 구간으로 분류한다.

이른바 이번 국채버블 대붕괴 사태를 저자는 앞으로의 금리의 티핑 포인트(Tipping Point)로 본 것이다. 2022.3.17일을 다시 고금리 시대가 시작되는 티핑 포인트로 보기에 이번의 국채버블 붕괴기를, 1차 국채버블 붕괴기로 분류하는 것이다.

이번 금리 인상에 따라서,
SVB 뱅크와 크레디트 스위스 뱅크 등 은행들이 부도가 나기 시작한다. 당연한 일이다. 국채버블이 폭발한 것이다. 장기간 저금리로 막대한 거품이 생겼다가, 국채 거품으로 대붕괴한 것이다.

사람들은 이제 금리 인하를 기대한다. 즉 2차 거품 형성기가 도래할 가능성이 커지고 있다. 따라서, 지금 미국 국채든 한국 국채든 인기가 좋다. 또다시 거품이 끼고 있다. 2024.7월 FOMC 회의에서 9월에 첫 금리인하를 시사했으나 아직은 아니라고 본다.

앞으로, 인플레이션은 3~4%로 적어도 2~3년 길게는 10~40년이 갈 수도 있다. 기준금리가 계속해서 내리면 채권가격 즉 국채가격이 급등하게 된다. 그러나 앞으로 2~3년 후의 일이 될 것이다.

지금, 금리 인하의 지나친 기대감으로 국채에는 또다시 거품이 끼고 있음을 알아야 한다. 인플레가 끝났다고 판단한 현 미국 연준의장 파월은 금리를 내릴 수도 있다.

이렇게 되면 또다시 인플레율은 급등하고, 급등한 2차 인플레이션을 잡기 위해 연준은 또다시 금리를 급등시켜야만 하는 상황이 올 것으로 본다. 이것이 '볼커의 실수'에 빗대서 말하는 '파월의 실수'다.

2차 인플레이션을 잡기 위해 기준금리를 급등시키는 이 순간, 또 거품이 터지는 것이다. 비싼 이자를 장기간에 걸쳐 내고, 무사할 정부나 기업이나 개인은 없다. 한번 가계 기업 정부 중 어느 한 경제 주체가 무너지기 시작하면 연쇄적으로 경제는 급격히 위축되어 불경기, 즉 숏텀 디플레이션 상황이 된다.

고금리에 기업들은 하나둘씩 부도가 날 것이다.

그 후 2016년부터 진행 중이던 롱텀 디플레이션의 본격화로 경기는 급격히 악화된다. 여러 나라들이 동시에 롱텀 디플레이션이라는 크나큰 경제위기에 도달하게 되는 것이다.

이때, 외국인들은 환율 폭등의 피해를 줄이기 위해, 국채가격 폭락을 피하려고 국채 투매에 나서야만 한다. 시나리오별로 케이스별로 뒤에서 자세히 설명한다. 이때가 마지막 국채 투자 적기다. 이때부터 롱텀 디플레이션이 본격화되기 때문이다.

[그림 1]처럼 1971.1월부터 이미 일본 엔화는 달러에 비해 초강세를 보이고 있었다. 일본의 롱텀 디플레이션은 사실상, 1985.9.22일의 플라자합의 때부터 출발했다고 본다. 일본의 롱텀 디플레이션은 지난 2020.12월에 끝난 것으로 저자는 판단하고 있다.

[그림 1] 엔·달러 환율 그래프(1971.1.1.~2024.6.1.)

1985.9.22일,

엔화 가격을 216.50전에서 140엔대로 하루 사이에 46%를 강제 절상 시켰다. 이로 인해 앞으로 일본 수입 물가는 46%가 폭락한다. 달러베이스로 계산한 일본자산은 하루아침에 46%가 폭등했다. 시가 반영에는 몇 년이 걸렸지만…. 엔·달러 환율의 변동을 아래 [표 1]로 요약할 수 있다.

1985.9.	216.50 yen (Plaza Accord)
1995.4.	84.04 yen (61% ↓)
2012.1.	76.34 yen (64.7% ↓)
2020.12.	107.53 yen (50.3% ↓)
2024.5.	160.00 yen (48.8% ↑)

[표 1] 롱텀 디플레이션 기간 중 연도별 엔·달러 환율 비교표 (1985.9.~2024.6.)

2020.12월의 1달러당 엔화는 107.53엔으로 기준가격과 비교하면 50.3% 하락한 가격이다. 그러나, 2024.5월에는 아베노믹스의 지속적인 시행으로 1달러가 160.00엔대가 되었다.

롱텀 디플레이션이 끝난 2020.12월과 비교하면 일본 내의 달러 가격이 이제는 48.8%나 오른 가격이다. 즉 일본 내 모든 상품가격이나 자산가격이 48.8%나 폭등해야, 환율 변동에 따른 제 가격을 반영한 것이 된다.

그래서 일본 경제는 정상화 효과가 나타나고 있다. 1985.9월 플라자합의 당시의 기준 시점과 비교했을 때, 지금 해외 투자이익이 26% 이하라면 해외에 투자한 자산들은 아직도 손해인 것이다. 왜냐하면, 플라자합의 당시 엔·달러 환율인 216.50-160.00(2024.5월 엔·달러환율) / 216.50 × 100% = 26%가 아직도 환차손 상태이다.

해외투자에 나갈 때 1$를 216.50전에 사서 나갔는데, 다시 들여오려고 같은 1달러를 은행에서 환전하면, 160.00엔밖에 환전을 안 해주기 때문이다. 이러하니, 투자이익을 발생했다고 해도, 40년 전에 투자한 해외투자자산이, 26% 오르지 못했다면 오히려 손해인 것이다.

이처럼 달러 환율의 지속적인 급락 현상은 롱텀 디플레이션 상황에서 항상 나타난다. 따라서, 미국 국채 투자로 조금 이익을 본다 해도 실제로 자국으로 반입하면 환차손 때문에 오히려 대폭 손실을 보게 된다.

일본의 해외투자자금은 이로 인해 일본 내 반입을 약 40년간이나 제대로 못 한 것이다. 그래서 저자는 이 달러 자금을 유령 달러(Ghost Dollar)라고 명명한 바 있다.

국내로 반입하는 순간 환차손이 현실화되니까 현지 투자처에 돈을 보관해 두고 유학자금이나 여행 가서 찾아 써야만 환차손이 없이 돈을 쓰는 것이 된다. 이 돈은 환차손 때문에, 일본 국내로 돈을 못 들여오니까 해외 금융시장을 유령처럼 떠도는 자금이 될 수밖에 없었던 것이다.

롱텀 디플레이션으로 한국은 2029년, 전 세계의 다른 나라들은 2048년까지 자국 화폐의 급등 현상을 겪게 된다. 이는 국내 달러가격의 지속적인 하락을 의미한다. 그래서 롱텀 디플레이션이 진행되는 동안에는 해외 투자를 하지 말라는 것이다. 여기에는 해외 국채, 해외 주식, 해외 부동산, 해외 리츠 등 전부가 포함된다.

간혹 일본, 영국 등에 투자하는 것은 달러 해외투자가 아니니까 괜찮다고 생각하는 투자자들도 있는데, 이는 잘못 판단한 것이다. 왜냐하면 전부 달러로 환전한 후 현지화로 환전하여 투자하는 것이기 때문에 세상의 모든 투자는 달러 투자로 봐야 한다.

본 저서는 국채의 거품의 형성과정과 붕괴과정을 동시에 전부 다루게 된다. 롱텀 디플레이션이 되면 투자할 곳이 완전히 사라진다. 주식 아파트 달러 현물 등등은 전부 달러 환율하락에 따라서 지속적으로 자산가격이 내리기 때문이다. 오르는 것은 거의 없다.

반면에, 롱텀 디플레이션하에서도 끊임없이 가격이 오르는 금융상품도 있다. 가격이 폭락하면서, 부를 창조해 낼 수 없는 상황에서도 가격이 꾸준히 오르는 재태크 즉 핀테크(Financial Technology) 방법을 소개하기 위해서 이 책을 쓰는 것이다.

2022년부터, 단기간에 금리가 올랐다. 이제는 곧 내릴 것으로 판단하고 사람들은 미리 국채를 앞다투어 샀다. 그러다 보니 국채 대폭락이 지난 지금도 국채에 거품이 낀 것이다. 이미 국채는 최고치 기준으로 약 40~50% 폭락한 상태이다.

하지만 롱텀 디플레이션이 장기간 지속될 것으로 보는 현재 가격에서도, 아직도 거품이 30~40% 이상 끼어있다고 저자는 본다. 현재의 금리는 적어도 2~3년 길게는 10년 이상 그대로 지속될 것으로 보기 때문이다.

지금 투자할 개인용 국채의 실질이자율은 마이너스이고 곧 롱텀 디플레이션이 본격화되어 누구나 돈이 필요한 때가 온다. 달러 하락, 부채, 인구문제 등으로 이번의 세계적인 디플레이션은 단기간에 해결이 불가능하다. 즉 숏텀 디플레이션을 거쳐, 연속적으로 롱텀 디플레이션이 본격화된다.

사람들의 욕심은 과거에도 현재에도 미래에도 항상 같다. 더 많은 이익을 얻기 위한 사람들의 욕심이 변하지 않는다면, 국채의 버블은 항상 생겨나기 마련이다.

따라서 펜타곤(Pentagon) 투자법은 항상 유효하고 항상 적중한다. 즉 국채시장은 앞으로도 한 두 차례의 폭락과 폭등이 남아있다. 즉 2~3차 대폭락과 2~3차 대폭등이 남아있다.

[그림3]의 1980년 이후, 2006년 이전 구간의 금리변동을 보면 짐작할 수 있다. 이를 보면, 단 한 번의 금리 인상으로 높은 인플레이션을 잡는다는 것이 불가능하다는 것을 보여준다. 그래프를 통해서 1980년대 이후 즉, 2006년 이전 그래프를 보면 3~4차례의 금리 인상 즉 3~4차례의 국채버블 대붕괴가 있었음을 짐작할 수 있다.

본 저서는 경제학 이론 책이 아니다.
이번 거품의 형성과 붕괴과정에서의 투자자들의 투자 방법을 안내하는 것이 목표다. 핀테크(Fintech, Financial Technology) 즉 투자라는 것도, 전부 알고 보면 이자율 변동에 따른 자산의 가격 변동에 대처하는 것에 불과하다.

최근에는 유튜버 등의 발전으로 책을 읽는 사람들이 현저히 줄어들어 걱정이다. 투자를 놀이처럼 하는 사람들이 늘어난다는 얘기다. 투자자들은 코끼리 다리만 보고 긴 짐승이라고 판단하고, 단편 지식으로 투자를 하면 안 된다는 것을 알아야 한다. 코끼리 전체의 형체를 알고 투자해야 한다.

엄밀히 말해서, 지금은 롱텀 디플레이션(LTD) 상태이지만, 금융위기와 코로나로 잠시 불어난 돈으로 인플레이션 상태이다. 이 인플레이션 상태가 진정되기 시작하면 감춰진 디플레이션이 본격화된다. 통상 디플레이션은 길어야 5년 이내에는 진정된다. 하지만 이번의 디플레이션은 5년 이상 지속되는 롱텀 디플레이션이다.

인플레이션과 초인플레이션은 완전히 다르듯이, 그냥 디플레이션과 롱텀 디플레이션은 투자 요령이 완전히 다르다. 아무튼, 독자들 모두 위기를 기회로 활용할 줄 아는 현명한 투자자가 되길 바란다.

빌 게이츠의 "태어날 때 가난한 것은 당신 잘못이 아니지만, 죽을 때도 가난한 것은 당신 잘못이다"라는 이 말이 참 귀하게 여겨지는 요즘이다.

챕터 4) 국채버블과 현대화폐 이론
(Modern Monetary Theory)

경제학 교육을 받은 적이 없더라도 성인이 되면 '통화량이 증가하면 물가가 오를 것'임을 누구나 알고 있다. 이것이 바로 어빙 피셔의 화폐수량설이다.

화폐수량설을 지지하는 주류 경제학의 설명대로라면 2006년 이후 2020년 3월부터 시작된 코로나 경제위기 이후에 중앙은행이 통화를 대규모로 공급했으므로, 신용창조로 몇 배의 돈(M2)이 창조되었어야 한다. 또한 실물경제에 돈이 풀렸으므로 민간투자가 활성화되고 실업률이 줄고 GDP가 크게 증가했어야 했다.

하지만 그런 일은 바로 일어나지 않았다. 늘어난 본원통화는 실물경제로 흘러가지 않고, Fed로 되돌아와 '초과지급준비금'으로 쌓였다. 이 사실은 '통화량이 증가하면 인플레이션률이 높아진다'는 통념이 이상 작동하고 있었음을 의미한다.

현대통화 이론(Modern Monetary Theory, 약칭 MMT)을 한마디로 요약하면 이렇다. MMT는 1970년대 미국 워런 모슬러가 주창한 이론이다.

2006년 세계 금융위기 직후 미국 중앙은행인 연방준비제도가 4조 5천억 달러의 양적 완화를 지속했는데, 지난 100년 동안 연준이 공급했던 달러보다 두 배나 많은 금액을 불과 2년 사이에 풀면서 이 현대화폐 이론이 주목받기 시작했다.

MMT는 연준이 통화량을 전무후무하게 공급해도 아무 상관 없다는 이론이다. 그래도 인플레이션은 커녕 디플레이션 조짐이 커졌고, 이 때문에 전통적인 화폐이론인 화폐수량설은 현실에 적합하지 않다는 비판이 거세게 일었었다.

미국이 달러를 아무리 많이 찍어내도 인플레이션은 걱정 없다고 전에 주장했다. 일부 몰지각한 자들은 지금의 인플레이션을 무엇이라고 설명할 텐가? 그때에는 막대하게 돈을 풀었어도 시중은행들은 한동안 신용창조를 못 해냈었다.

즉 빌려준 돈을 받을 만한 신용(담보든 신용이든)을 가진 자가 없어 그들이 좋아하는 대출(신용창조)을 못 해준 것이다. 받지 못할 돈을 빌려줄 은행이 어디에 있겠는가?

지금 보면, MMT 이론은 황당한 주장에 불과하다. 화폐수량설은 영원한 것이다. 미국이 달러를 회수하기 시작하면 전 세계는 불황으로 직행한다. 이것이 바로 트리핀의 딜레마다. 미국의 경상수지 흑자 규모가 늘어나면 세계의 달러 유동성(공급량)이 줄어들어 세계 경제가 위축된다. 달러를 회수해도 마찬가지로 트리핀의 딜레마가 생겨나는 것이다.

2006년 금융위기로 풀린 미국 달러는 약 4조 5천억 달러다. 2020년 3월 코로나로 풀린 돈은 약 3조 달러가 넘는다. 이 돈들은 언제 전부 회수가 가능할까? 전혀 회수하지 않아도, 즉 전부 회수하기도 전에 이미 세계는 인플레이션 속에서, 디플레이션 현상도 동시에 나타나고 있다. 이것이 새로운 양극화 현상인지도 모른다.

민스키 모멘트는 누적된 부채가 임계점을 지나면서 자산가치 붕괴와 경제위기로 치닫는 것을 말하는데, 누적된 정부의 부채와 가계의 부채로 트리거만

당겨지면 하루아침에 전 세계는 민스키 모멘트에 빠져들 만큼 경제 주체들의 빚은 더 이상 늘어날 수 없을 정도로 늘어나 있다.

한편 최근의 기사들을 보면 세계는 디플레는커녕 인플레로 고통받고 있으며 많은 나라들이 자국의 경제성장률 예상치를 올리고 있음을 알 수 있다.

10~20년 이상 지속되는 디플레이션이 전 세계에 온다고 주장하는 자가 있는가 하면 인플레율과 경제성장률의 증가로 금리 인상을 걱정하고 있는 자들이 있다. 왜 이렇게 시각 차이가 날까?

바로 기저효과로 인한 것인데, 저자는 롱텀 디플레이션이 진행 중인 과정에 경기 부양을 위한 일시적인 중앙은행의 화폐공급 증가로 비교적 단기적인 인플레이션 상황이 발생한 것으로 본다.

거기에다가 경제성장률과 물가상승률의 상승은 코로나의 영향으로 경기가 크게 침체되었던 비교한 결과가 수치로 나타나는 것임에 불과하다. 현혹당하지 말아야 한다.

곧 2~3년 이내에 기저효과가 사라지고 담보 부족으로 신용창조가 불가능해지면서 세계 경기는 급속히 디플레이션 상황으로 돌입하게 된다.

전 세계 국가, 기업, 개인의 빚의 규모는 시중 은행들의 신용창조를 못 할 정도여서 은행의 신용창조 기능이 없어질 정도임을 알아야 한다. 신용이나 담보가 늘어나지 않으면 중앙은행이 아무리 돈을 풀어 대도 신용창조를 통한 통화량의 증가는 미미하다.

받지도 못할 돈을 빌려줄 은행은 없다.

국가나 기업, 개인의 빚의 청산되지 않으면 새로운 신용이나 담보는 생겨나지 않는다. 은행들은 신용창조 역할을 할 수가 없다.

정부의 부채는 국채로 나타난다. 국민들에게서 돈을 빌리는 것이다. 정부가 빚을 많이 진다는 것은 국채를 많이 발행한 것이고, 적당한 국채의 버블 없이는 국채를 소화할 수 없다.

과거 일본에 이어, 세계에서 2번째로 개인용 국채를 시판하는 한국 국채의 버블이 어떻게 만들어지고, 어떻게 붕괴되는지 지켜볼 기회가 왔다.

챕터 5) 오직 국채에만 투자하라

평상시에 채권은 투자대상이 아니다. 물론, 국채도 투자대상이 못 된다. 돈이 수천억 원이 있는 기관투자가들을 제외하고 여태까지 일반인들이 채권을 투자대상으로 삼지 않은 것이 옳았다고 본다.

앞으로도 평상시에는, 국채는 물론 모든 채권에는 투자하지 말라! 펜타곤 투자법(Pentagon Investing Method)상, 마지막 5단계인 8년 차 쯤에 오로지 국채에만 10년에 한 번씩 약 2년간 투자하라! 즉 영원히 국채 외의 채권에는 투자하지 말아야 한다.

평상시에는 약간씩 받는 채권 이자보다도 항상 더 많은 수익을 올릴 투자 기회가 많으며, 국채 등 채권은 가격 변동도 거의 없기에 투자 매력이 전혀 없는 금융상품이다.

그러나 지금은 롱텀 디플레이션의 본격화 시점이 닥쳐있고 급격히 오른 금리의 인하가 예상되어 있다고 해서, 현재 채권시장에 관심이 많은 것은 사실이다.

누구나, 자금이 필요한 때는 공교롭게도 불황이 막바지에 도달해 부도 등으로 아주 위험할 때이다. 가계나 기업이나 정부나 전부 자금이 필요할 때는 불경기의 끝일 때가 거의 대부분이다.

그러나, 일반적으로 국채를 포함한 모든 채권은 금융 경색기인 [그림 2]의 ⑤ 단계에서만 투자대상 자산이 된다. 국채 등 모든 채권은 평상시에는 가격 변동이 거의 없으며 적은 이자 수입만 있으니까, 웬만한 투자 규모인 소규모 투자자들에게는 투자대상이 되지도 못하기 때문이다.

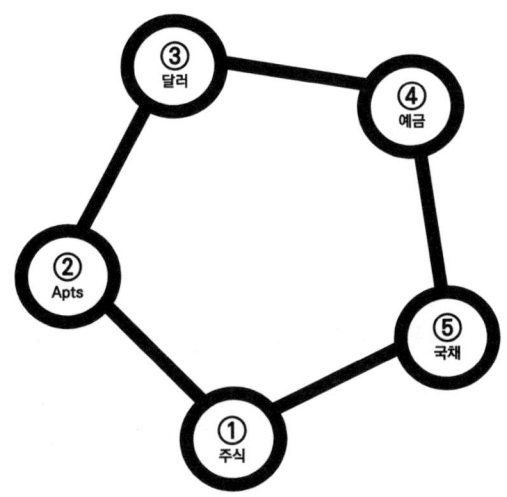

[그림 2] 자산 사이클을 따르라: 자산 사이클(Asset Cycle) 투자 순환도

국채가 투자대상이 될 때는 불황이 막바지에 이르러 이자율이 인하되기 시작하면서부터다. 즉 가장 안전하다는 국채마저도 평상시에는 투자하지 말고 펜타곤 투자법 5단계 때 즉, 불황이 극에 달할 때에만 투자하는 것이 좋다.

왜냐하면 곧 불경기로 정부는 금리를 인하하게 되고, 국채가격이 급등할 때가 곧 오기 때문이다. 결국 국채를 포함한 사채는 금융경색이 심한 불경기 때에만 투자해야 하는 투자대상 자산이다. 그러나 금융경색기 때에는 국채를 제외한 모든 채권투자는 부도 등으로 극히 위험한 시기이므로, 결코 대상으로 삼아서는 안 된다.

이를 요약해 보면 아래와 같다.

1) 평상시에는 국채를 포함해서, 모든 채권에는 투자하지 마라. 이자는 몇 푼 되지 않는다.

2) 위기 시에는 불경기에 발생하는 부도, 지불 유예 등 여러 가지 위험을 피하기 위해, 국채를 제외하고는 다른 모든 채권을 투자대상으로 삼아서는 안 된다.

특히 불황기에 이자율을 갑자기 높여서 발행하는 회사채는 절대로 투자대상으로 삼아서는 안 된다. 평상시에, 낮은 이자를 주던 기업이 회사채 금리를 올려서 발행하는 것은 이미 우리 기업은 위험하다고 고지하는 것과 같기 때문이다.

3) 결국 국채를 제외하고는, 어떤 채권도 평생 동안 투자대상으로 삼지 않는 것이 좋다. 국채마저도 불경기의 끝자락에서 금리 인하가 전제될 때에만 투자대상으로 삼아야 한다.

저자는 지방채도 투자대상으로 삼지 않는다. 평상시에는 더 좋은 투자 수단이 많기에 국채마저도 호경기에 투자하면 결국, 손해를 보는 것과 같다. 즉 기회비용이 발생한다.

과거 미국 지방정부의 부도로 지방채도 상당 기간 지불이 중지된 경우가 많음을 알아야 한다. 따라서 채권은 반드시 국고채만을 투자대상으로 하되, 그것도 불황기의 끝자락인 펜타곤 투자법 5단계에서만 투자대상으로 삼아야 한다.

회사채, 지방채 등에는 절대로 투자하지 말고, 항상 국채에만 투자하되, 이마저도 투자 기회는 경기순환 변동의 맨 마지막 때, 정부가 불황기를 끝내려고 금리 인하를 시작될 때, 한 번만 투자하여야 한다.

이마저도 서두르지 말고 1~2회 금리 인하가 되고 나서, 투자에 나서도 늦지 않다. 미리 선제 투자했다가 2024.7월 지금처럼 혹은, 폴 볼커 시절처럼 큰 손해를 볼 수 있다. 국채는 절대도 선제 투자하지 마라.

한 번의 경기순환이 개략적으로 10년이 걸리므로, 국채라 하더라도 10년에 한 번, 펜타곤 투자법의 맨 마지막 투자자산인 국채로 순환이 시작될 때, 정기예금을 해약하고, 약 2~3년간 투자하는 것이다.

평소에는 국채도 결코 투자대상이 아니다.
펜타곤 투자법에 따르면 어느 투자자산에든 장기투자하면 안 된다.

롱텀 디플레이션이 진행되는 경우에는, 기나긴 금리 하락 기간 동안 이자와 시세차익을 즐기며 보유하다가, 금리가 적어도 1~2차례 인상되는 것과 동시에 국채를 팔면 시의 적절한 매도가 된다. 이때에도 예측하고 미리 매도하지 마라. 경기의 변환을 그렇게 쉽게 할 수 있는 것도 아니고 그렇게 유능한 정부나 관료를 본 적도 없다.

이때에, 새로운 10년의 경기변동이 시작되는 것이므로 국채를 팔고 주식투자에 다시 나서야 한다. [그림 2]의 '자산 사이클을 따르라: 자산 사이클 투자 순환도'를 참조하여 국채를 판 자금으로, 다시 ① 즉 주식투자부터 시작해야 한다.

4) 사실 국채도 항상 투자할 대상인 것은 아니다.

펜타곤 투자법 5단계 때에 국채 10년물 기준으로 4% 이자율이 0%가 된다고 해봐야, 4×7%=28% 수익에 불과하다. 30% 수익을 보기도 힘들다. 주식에 투자하면 몇 시간에 올릴 수도 있는 수익률이다.

이마저도 10년에 한 번 오는 기회이다. 하지만 펜타곤 투자법 5단계에서는 어느 곳에 투자해도 돈을 벌 수 없는 때이기 때문에 무조건 국채에 투자하라는 것이다. 펜타곤 투자법 5단계에서는 과거 일본이나 지금의 한국처럼 투자할 곳이 완전히 사라진다. 롱텀 디플레이션이기 때문이다.

주식, 아파트, 달러, 예금 등 어느 것에도 투자해 봐야 손실만 커진다. 그렇기 때문에 숏텀 디플레이션, 즉 경기 침체기에는, 펜타곤 투자법 5단계에서만, 국채에 투자하는 것이 좋다.

또 전 재산을 풀 베팅 할 수 있기 때문에, 국채에 투자하는 것이 좋은 점도 된다. 수익률은 낮지만, 만기까지 보유하면 원금은 100% 보장되므로, 큰 금액을 투자하여 수익을 극대화할 수 있기 때문이다.

결론적으로, 국채는 롱텀 디플레이션이 도래했을 때에 가장 좋은 투자수단이 된다. 장기간 이자와 시세차익을 다 누릴 수 있기 때문이다.

이 펜타곤 투자법은 후행적 투자로 모든 결과를 확인한 후에 투자하는 방법이다. 순환 차례가 도래한 투자자산은 대개 2년 이상씩 오르므로 한두 차례의 금리 인상이나 인하에 그렇게 민감할 필요가 없다. 문제는 추세를 확인하고, 투자해서 큰 실수를 줄이는 것이다.

단지, 아파트의 경우에는,
가격 움직임이 데이터로 잘 포착되지 않으므로, 주가지수보다 6개월 후의 기간으로 움직임을 예상해서 매매하면 된다. 순환 투자해야 하는 다른 자산들 즉, 주식, 달러, 예금, 국채 등의 자산들은, 가격의 움직임이 눈으로 보이므로, 움직임을 보고 후행적으로 따라서 투자하면 된다.

다만, 아파트만은 주가지수가 오르거나 내린 후, 6개월이 지난 때부터 본격적인 상승이나 하락세를 나타낸다. 이 팩트는 한국의 경기 흐름을 32년간 연구·분석한 결론이므로 적중률은 거의 100% 수준임을 확인한 바가 있다. 아파트 가격 변화 예측은 믿지 않을 이유가 없다.

아파트를 제외한 여타 부동산은, 유동성 차이로, 아마도 아파트보다 더 느리게 움직일 것이다. 하지만 모든 자산은 수익률이 장기적으로는 다 비슷하게 조정되므로, 추세로 매매하면 안전하고 확실한 부동산 투자법이 된다.

챕터 6) 국채 투자의 또 다른 한계

국채는 국가에서 발행한 채권이므로 현금과 마찬가지다. 정부가 망하지 않는 한 분기마다 매번 이자를 준다. 금리에 따라 국채의 시세가 변하지만 만기 시에 원금은 100% 돌려준다. 보통 이자율은 2~3% 정도이며, 금리가 오르면 채권 가격은 폭락하고 금리가 내리면 폭등한다.

그러나 금융위기나 자금경색기에 금리 인하가 전제되어야만 국채만을 투자대상으로 삼아야 한다고 앞 챕터에서 설명했지만, 국채에 투자할 시에는 이밖에 다른 한계점도 있다.

[그림 2]처럼 디플레이션 시에는 장기 국채가 펜타곤 투자법상, 자산시장의 마지막 순환 투자대상 수단이자, 가장 큰 수익이 보장되는 자산이므로, 이자율 변동에 따른 국채가격의 변동 수치를 영원히 잊지 말아야 한다.⑤단계 때에는 국채를 제외하고는 모든 자산은 가격이 폭락하고 있을 때이다.

따라서 국채에 투자하여, 대박 잔치를 벌여야 하는 때이다. 이 이자율 변동에 따른 시세차익 정보는 채권평가 전문회사와 기관투자가들만 공유했던 정보다. 한국에도 3~4곳의 채권평가, 즉 신용평가 전문회사들이 있다.

숏텀 디플레이션이나 롱텀 디플레이션 시 펜타곤(Pentagon) 투자법의 마지막 ⑤단계에서는 국채밖에 투자할 곳이 없다. 다른 자산에는 투자하면 손해를 본다. 이 사실을 정리하면 수백 년간 인간들의 욕심이 만들어낸 주식→아파트→달러→예금→국채의 Big 5 투자대상 자산의 투자 자산 순환사이클이 만들어진다. 이를 어기면 큰 손해를 보게 된다.

국채 투자의 한계점을 앞 챕터에서 알아봤지만, 또 다른 한계도 있다.

1) 채권가격은 이론가격과 차이가 크다.
이자율 변동에 따라서 채권가격은 정확히 공식에 맞춰 변동되어야 한다. 이 공식처럼 가격이 형성되지 않는 것은 채권발행액이 적고 채권의 유동성이 약한 나라에서는 흔히 있는 일이다. 즉, 미국·영국 등을 제외한 국채시장 가격은 항상 왜곡되어 있다고 본다.

보통 미국을 제외한 나라에서는 국채는 유통물량이 적고, 몇몇의 기관 투자자들이 채권의 대부분을 점유하고 있어 금리 변동에 따른 공정한 가격이 형성되지 않는다. 미국을 제외한 나라들의 채권시장 발전을 위해서는 유동성 공급 회사가 있어야 할 것 같다.

유가증권시장에는 주식시장과 채권시장이 따로 있다. 증권회사 HTS 시스템을 통해서 매매할 수 있다. 하지만 한국 채권시장은 거래량도 많지 않기에, 정당한 시세로 매매할 수도 없다. 이 경우에는 증권시장의 국채 ETF를 거래하는 것도 국채 실물을 매매하는 것과 비슷한 효과가 있다. 단기채 ETF 국고채, 3년물 ETF 국고채, 5년물 ETF 국고채, 10년물 ETF 국고채, 20년물 ETF 국고채 등등이 상장되어 거래되고 있다.

그러나 이 채권 ETF 상품은 증권회사가 항상 그 편입 대상이 되는 국채수익률이 같은 국채나, 국채 선물을 항상 2~10년 등 ETF 상품의 만기에 맞춰 항상 교체 투자하므로, 채권투자자가 만기까지 채권을 보유하는 전략을 취할 수도 없는 한계가 있다. 또한, 이자액 전액을 매번 배당하는지도 잘 알 수 없다.

롱텀 디플레이션(Long Term Deflation)이 진전되면 진전될수록 금리는 꾸준히 내릴 수밖에 없다. 이에 맞춰 국채가격은 급등에 급등을 거듭할 수밖에 없다. 한국의 롱텀 디플레이션은 2029년, 여타 전 세계의 롱텀 디플레이션은 2048년쯤에 끝날 것으로 저자는 판단한다.

롱텀 디플레이션 시에는 현금의 상대적인 가치가 계속 오른다. 즉 현금이 실제로 오르는 것이 아니라 다른 물건, 즉 부동산, 주식, 생필품, 금, 은 등 세상의 모든 물건은 값이 내리니까 현금의 구매력이 더 커진다는 것이다. 그래서 현금이 최고라고 하는 것이다.

이렇게 현금은 액수가 늘지 않아도, 즉 이자가 거의 없이도 최고라는 말을 쓰는데, 국채는 매년 약정이자에다가 가격까지 오르니 어떤 게 더 좋은가는 불문가지다.

롱텀 디플레이션이 32년간 진행되었던 일본의 경우를 보면 금리가 마이너스 금리까지 지속적으로 내렸다. 한국을 포함한 전 세계도 2016년 1월부터 롱텀 디플레이션이 진행 중이다. 머잖아 한국 금리도 일본처럼 마이너스 금리 가까이 내릴 것으로 본다. 롱텀 디플레이션 기간 동안 계속 국채를 보유하며 이자 수입을 얻는다. 또 금리 하락에 따른 시세차익도 늘어나게 된다.

숏텀 디플레이션의 경우에는
1년 전 연간 국제수지가 흑자를 냈다면, 투자자들은 즉시 주식투자에 나서야 한다. 경기순환에 맞춰 즉, 각국 정부는 디플레이션이 끝나고 경기가 호전된 후에는 기준금리를 인상하기 시작한다.

정부가 기준금리를 올리면 디플레이션(불경기)이 끝났음을 알려주는 것과 같다. 즉 정부가 금리를 올리면 국채가격은 내리므로 이때에는 국채를 팔고 다시 펜타곤 투자법 1단계에 따라서 주식투자에 나서야 하는 것이 확실하다. 또 다른 10년간의 투자가 시작되는 것이다.

그러나 너무 서두르지는 말라. 1~2차례의 금리 인상을 확인한 후에 투자에 나서도 늦지 않다. 1년 전 국제수지가 흑자인 경우와 삼선전환도로 확인한 후에 주식투자에 나서는 것이 좋다.

특히, 롱텀 디플레이션의 경우에는
국제수지의 1년 전 연간 무역흑자 시에 바로 주식시장에 진입하는 것보다 한 걸음 더 늦게 하는 것이 좋다. 정부의 기준금리 인상이 1~2차례 진행된 후에 장기 국채를 팔고 주식투자에 나서는 것이 더 안전하다고 생각한다.

롱텀 디플레이션은 항상 숏텀 디플레이션부터 시작된다. 롱텀 디플레이션의 확실한 탈출 여부 판단은 달러인덱스 가격과 국제금 가격의 정비례 관계 회복 여부로 판단해야 한다.

국채 투자 시기 즉, 채권투자 시기는 불경기가 본격적으로 시작될 때에만 투자하는 것이 좋다. 왜냐하면 금리가 내려야 가격이 오르는 상품이기 때문이다. 물론 평상시에도 이자가 나오는 것은 맞지만 만약 시세차익이 없다면 국채는 안정성 외에는 크게 매력적이지 않은 투자상품이기 때문이다.

2) 또한, 한국에서는 금융투자 소득세가 내년에 도입된다. 이 또한 자본이득에 대해서도 과거와 달리 과세하게 되므로 우선은 국채 투자의 새로운 한계가 된다. 이와 같은 국채투자의 장단점을 감안하여 투자 여부를 결정하여야 한다.

챕터 7) 겨우 금리 0.25% 변동에도 벌벌 떠는 국채시장. 왜?

겨우 금리 0.25% 변동에도 채권시장이 벌벌 떠는 이유를 먼저 알아보자!

10년짜리 국채라면, 아래 [표 2]처럼 금리가 1% 오르고 내림에 따라 채권가격이 약 7%씩 폭등하거나 폭락한다. 이 7% 정도의 가격 변동에 왜 폭등과 폭락이라는 단어를 쓰느냐 하면, 국채 투자 시에는 전 재산을 베팅해도 될 만큼 안전해서 큰 금액을 투자하는 것이 보통이기 때문이다. 따라서 손실이나 이익 총액도 엄청나기 때문이다.

또한, 국채는 평상시에는 가격 변동도 거의 없는 자산이기 때문에 0.25%의 금리 변동에도 가격이 국채 10년물 기준으로 1.75%나 급등락하기 때문에 벌벌 떠는 것이다.

그럼 이자율이 변하면, 채권가격이 변하는 근본원리를 먼저 알아보자.
현재 금리 2%로 발행된 국채를 누군가 1만 원어치 보유하고 있다고 하자. 그런데 정부가 갑자기 3% 금리의 국채를 또, 발행한다고 하자.

이미 2% 이자로 발행된 국채보다, 새 국채가 1% 이자를 더 주므로 누구나 3%짜리 국채를 사려고 할 것은 뻔하다. 이자가 1% 차이가 나기 때문이다. 그럼, 이미 발행된 2% 금리의 국채는 가격을 금리 1% 해당 금액만큼, 잔존 기간 동안 깎아주지 않으면 아무도 안 산다.

왜냐하면 같은 돈으로 3% 금리의 새로운 국채를 살 수 있기 때문이다. 따라서 금리가 오르면 이미 발행된 국채가격은 저절로 오른 이자율에 맞춰서 내려야만 하기 때문이다. 같은 이유로 금리가 내리면 국채가격은 폭등하게 된다.

이런 원리대로 계산한 채권의 가격변동율은, 20년물은 금리가 1% 하락하면 채권가격은 14%가 오르고, 30년물은 21%가 급등한다는 것이 핵심 정보다. 반대의 경우 즉 이자율이 오를 경우에는 비례하여 채권가격이 내림은 물론이다.

장래에 받을 이자 총액을 현재가치(NPV)로 환산하여 시중에서 거래되므로, 실제 거래 가격이 계산상의 가격보다 약간 낮다. 즉, 10년 후의 1만 원과 현재의 1만 원은 그 값어치가 다르다. 따라서, 미래의 가격을 할인하여 현재에 거래하므로 시중의 실제 거래가격이 단순히 (이자율 차이×잔존기간)으로 계산된 가격과 약간 차이가 나는 것은 당연하다고 하겠다.

10년물을 기준으로 한다면 금리가 1% 오르거나 내릴 경우, 즉, (3%-2%)=1%이고, 10년물 채권이니까 가격 면에서 10% 차이가 나야 한다고 생각하겠지만, 10년 후의 1%와 지금의 1%는 가치가 다르다. 따라서 시장에서는 미래의 이자 해당액을 Net Present Value(현재가치)로 환산해서 약 7%(할인율에 따라서 다르지만, 10년물인 경우, 실제로는 약 7.8% 정도임) 정도로 상승한 가격이나 하락한 가격으로 계산하면 큰 차이는 없다고 본다.

블룸버그 통신에 따르면 2023.10월 현재, 10년 이상 만기, 미 국채 가격은 지난 2020년 3월 즉, 불과 3년 6개월 만에 미국 국채가격은 최고점 대비 46%, 30년 국채는 53%이나 폭락했다. 금리가 0.25%에서 5.25%까지 폭등했기 때문이다.

국채가격은 앞으로 얼마나 더 내릴지 모른다. 저자는 장기적으로 여기에서 30~40% 이상은 더 내릴 것으로 예측한다. 물론 그 뒤에는 국채가격에 기나긴 폭등이 올 것임은 의심할 필요가 없다. 이 폭등 기간 동안 엄청난 거품이 또 낄 것은 확실하다.

[표 2]는 금리를 1% 인상 또는 인하할 때에 채권 가격의 아래위 변동률을 나타내는 표이다. 금리와 국채가격은 반비례 관계이다.

5 yrs	3.5%
10 yrs	7%
20 yrs	14%
30 yrs	21%

[표 2] 기준금리 1% 인상·인하에 따른 채권 등 국채가격의 변동률

모든 국채는 발행 시에 이미 금리가 정해져 있다. 그래서 국채도 안전자산이 아닐 수 있다. 이에 관한 설명은 '챕터 8'에서 자세히 설명한다.

국채 금리는 그 당시 실제 시중 금리와 비슷한 이자를 주게 된다. 시중 금리가 5%라면 국채가 안전하므로 발행 금리는 5% 조금 못 미치게 발행하게 된다. 즉, 4.5% 정도로 발행하면 적당할 것 같다. 4%로 발행한다면 소화가 잘 안 될 것이고, 5%라면 서로 사려고 할 것이다.

우리나라는 국채의 발행 시장이나 유통 시장이 전부 아직 발전이 더뎌 쉽게 국채를 사거나 팔기 곤란하다. 발행 시장에는 기관 투자자들만 직접 입찰 가능하며 유통 시장은 증권회사 HTS에서 장내 채권 호가 현황을 검색한 후 장내 채권 현재가 호가창을 통해서 직접 매매할 수 있기는 하다.

현재 국민주택 채권, 국고채, 서울도시철도 채권, 강원 지역 개발 채권 등 각 지역 개발 채권, 한국전력 채권, 각종 은행채, 각 증권 회사 채권과 각 개별 회사들의 회사채를 직접 매매할 수도 있지만, 실제로 직접 매매하기에는 매도 물량이 충분치 않고 매수 세력 또한 많지 않아 정당한 매매 가격이 잘 형성되지 않아 매매 시에는 불편을 감수해야 한다.

그러나 매 분기 혹은 6개월마다 이자를 직접 받아서 생활하는 경우라면 직접 매수하는 것이 더 좋으며, ETF를 통한 국고채 등의 간접 투자상품은 개인적으로 선호하지 않기에 추천하기는 힘들다. 그러나 최근에는 매월 이자를 지급해 주는 채권 관련 ETF도 출시되어 있다. 그러나, 금리 변동에 따른 시세차익 등과 이자액의 직접 수령을 원한다면 단연코 HTS를 통한 직접 매매뿐이다.

금리의 변동이 있을 것으로 예상한다면, 금리의 변동을 미리 예측하여 국채를 매매한다면 매년의 표면 이자율과 매도 시의 시세차익을 전부 직접 향유할 수 있으므로 매력적인 투자상품이 된다.

전 세계는 약 40년간 이자율을 내리기만 했던 적이 있다. [그림 3]을 보면, 1980년대 이후에 그랬다. 얼마 전에는 덴마크를 비롯하여 마이너스 금리가 시행된 나라가 있었고 일본은 가장 늦게까지 마이너스 금리를 채택한 바도 있다.

제로 금리나 마이너스 금리는 시중은행과 중앙은행 간에 주로 적용되는 금리이다. 시중은행들은 지불준비금으로 일정액의 시재금을 초과한 현금을 중앙은행에 맡겨야 한다. 중앙은행은 이때 저금하는 돈에 마이너스 금리를 적용한다.

침체된 경기를 활성화하기 위해 시중들의 자금 대출을 독려하는 한 방법이다. 앞으로 약 40년간은 고금리 시대가 온다는 주장도 있으니까 여태까지의 금리 예측과는 다른 예측을 해보고 이에 맞는 투자를 해야 한다고 생각한다.

미국의 인플레율이 무려 9.1%였기에 이 인플레율을 2% 이내로 잡기 위한 기준금리 인상이 지속되어 0.25%에서 5.25%까지 단기간에 도달하였다. 보통 국고채 실세금리는 기준금리가 최고가 되기 전 3~4개월 이전에 이미 하락세로 기우는 것이 그동안의 관례였지만, 이번에는 다르다고 생각한다.

왜냐하면 저자도 미연방 준비위원회의 기대와는 달리 인플레이션 목표율 2%는 달성하지 못할 가능성이 크다는 레이 달리오 등 소수파의 의견을 존중하기 때문이다. 평균 인플레율이 3~4% 정도로 고착화될 가능성이 크다고 본다.

이에 따라서 기준금리는 평균 8~9% 이상까지 오를 가능성이 큰 것으로 본다.

즉, 희망이나 예측과는 완전히 다른 고금리 시대가 장기간 지속되므로 미리 기준금리를 예측하고 국고채 투자에 나서면 큰 실수를 하게 될 것이다. 따라서 이번에는 '파월의 실수' 이후의 기준금리의 진정한 1~2차례의 인하를 확인하고 국고채 투자에 나서기를 권한다.

이처럼 국고채 및 회사채 등 채권투자 시에는 금리 예측이 필수가 된다. 재테크 대상 5대 자산(주식, 아파트, 달러, 예금, 국채) 간 돈의 흐름을 꿰뚫어 보고 투자하는 펜타곤(Pentagon) 투자법에 따른 채권투자 시기는 5대 자산 중 마지막 본격적인 불황의 진입 시기와 항상 함께 온다.

따라서 불황기 때 채권에 투자하게 되므로, 국고채를 제외한 기타의 모든 채권 즉, 지역채나 은행채, 회사채 등의 채권은 항상 위험하다고 판단한다. 투자대상 채권은 항상 국고채만을 대상으로 하기 바란다.

미국 국채도 과연 최고의 안전자산인가 하는 의문이 생겨나는 현재이다. 왜냐하면, SVB 사태는 금리 변동에 따른 10년물 미국 국채의 폭락에 기인한 것이어서 그렇다. 물론, 미국 국채 자체의 안전성과는 큰 관계가 없기는 하다.

그러나, 장기국채는 금리 변동에 따른 가격 등락이 너무 심하므로 오히려 위함자산이다. 가격 안전성은 없다고 볼 수 있다. 국채가 절대적인 안전자산 역할을 하려면 만기가 1~2년 정도 남은 국채여야 현금이나 현금등가물과 같다고 할 수 있다.

그러나 만기가 1~2년 남았다면, 너무 짧으므로 시세차익은 거의 발생하지도 않는다. 국채 투자 시에도 장단기 국채 간에 포트폴리오를 구성해야 하는 것이다.

앞으로, 일본이 금리 인상에 나서거나, 유로화가 절하되면 환율을 방어하기 위해 미국 국채를 투매함으로써 미국 국채 금리가 급등할 가능성이 항상 존재한다.

우리나라도 일본도 중국도 자국 통화의 화폐 가치를 유지하기 위해서는 미국 국채나 보유금을 팔아 자국 통화의 가치를 유지해야 하기 때문이다.

게다가 미국 국채는 미국의 모든 지역은행과 각국의 중앙은행과 전 세계의 대형 은행들도 막대한 양을 안전한 투자로 또는 외환보유고로 보유하고 있다는 사실이다. 전 세계의 우량은행들이 거의 전부 이번 미국의 금리 인상에 따른, 미국 국채 가격 폭락과 관련이 있다고 봐야 된다. 따라서, 당연히 0.25% 금리 변동이 수천억 원의 손실과 이득을 초래하게 된다.

벤처기업이나 테크기업들은 항상 빚이 많다.
따라서 이자율과 벤처기업은 상극관계가 된다. 이자율이 오르면 기술주들이 모여있는 나스닥 지수는 내리는 것이 정상이다. 주식에 투자 시에는 항상 기억해 둬야 할 평범한 사실이다.

챕터 8) 국채, 어디까지 오를 수 있나

앞으로 주식 매매 차익이 5,000만 원을 넘으면 이듬해부터 세금을 부과한다. 내년부터는 채권양도차익이 250만 원이 넘으면 과세대상이 된다. 하지만 배당소득과 이자소득에는 과세되지 않는다.

10년물 기준으로 1% 금리가 내리면 국채 가격은 7% 폭등한다. 20년물 국채는 그 자리에서 14%나 폭등한다. 30년물은 21% 정도의 국채 가격이 폭등한다. 물론 금리가 오르면 각 비율대로 국고채 가격은 폭락한다. 기간 계산 시에는 잔존기간을 기준으로 한다는 것을 항상 기억해야 한다.

금년까지는, 몇억을 단기간 투자해도 금리 변동만 제대로 예측한다면 큰 이익이 발생한다. 금리 하락기가 예상될 때 2~3%의 금리차를 예상하여 투자하면 큰 시세차익과 매년 이자까지 향유할 수 있다.

게다가 국고채는 절대적으로 안전하므로 가진 재산을 전부 베팅하여도 된다. 국채 투자는 거래 단위가 크고, 시세차익을 고려하지 않고, 즉 매매를 하지 않고 만기까지 이자를 받으며 여유로운 노후를 보낼 수도 있다.

단, 인플레이션이 지속되어 만기 이전에 금리가 지속적으로 인상된다면 그 가치는 폭락하게 된다. 2023년의 미국 SVB(Silicon Valley Bank) 사태나 시그니처 은행의 파산 등을 보면 알 수 있다.

미실현 시세차익은 만기가 될 때까지 서서히 없어지므로 기간에 따라서 가격도 폭락한다. 만기 시에는 항상 액면가만 반환받는 것이기 때문이다.

한국을 포함 일본을 제외한 전 세계는 2016년 1월 이후 디플레이션 경제가 시작되었다. 이 경우에는 국고채가 제일 좋은 투자 수단이 된다. 현금도 좋은 투자 수단이지만 은행 예금은 이자가 낮으므로 국고채를 당할 수 없고 막대한 시세차익까지 국고채에는 주어지기 때문이다.

채권은 설령 잘못된 매수 시기의 선택으로 시세 평가 시에 손해로 평가되더라도 만기까지 들고 가면 이자는 물론, 액면가로 상환된다. 현금은 상대적 가치는 상승하지만 시세차익을 낼 수는 없다. 따라서 국채가 현금보다 더 매력적인 투자 수단이 된다.

일본은 1995년의 10년물 국고채 금리가 약 2.5%대였으나 2023.5월 현재에는 -0.1%로 마이너스 금리였다. 2024.7 현재는 +0.1%가 일본의 기준금리이다. 일본의 10년물 국고채의 가격은 1995년과 비교하면 이론상으로는 17% 이상 올랐을 것이다. [그림 4]를 통해 일본 10년물 국고채의 금리 변동 추이를 보고 판단해 보면 알 수 있다.

17%가 오른 것은 단순한 수익률 차이에 의한 시세차익이고 이와는 별도로 매년 2.5% 정도의 이자 수익이 있었음은 물론이다. 다른 물가는 지속적으로 내려갔다.

한국에도 30년물 국고채가 2~3가지 발행되어 있으며, 증권 회사 홈트레이딩 시스템을 이용하면 상장된 국채들은 직접 거래할 수 있다. 50년물 국고채도 발행된 적이 있다. 단지 사자 팔자 물량이 많지 않은 것이 흠이다. 이는 공정한 가격이 형성되지 않는다는 뜻이다.

국채 시세 예측 Case Study를 해보자.

30년물 한국 국고채, 표면 금리 2%짜리의 금리 변동에 따른 가격을 계산해 보자. 일본처럼 국고채 시중 금리가 마이너스, 즉 -0.1%가 된다면 이 국고채는 42%(약 2×21%) 이상으로 오를 것이다. 42% 정도가 올라서 프리미엄부 거래가 된다는 뜻이다. 즉, 액면 10,000원짜리 국고채의 시중 가격이 14,200원 정도에 거래될 것이다.

거꾸로 이자율이 오를 경우, 즉 발행 수익률이 2%이고, 유통 수익률이 4%라고 상정해 보라. 이 30년물 국고채는 5,800원 정도가 적정 가격이 된다. (4%-2%)×21%=42% 폭락하니까 그렇다. 정기예금과 수익액을 비교해 보자.

오늘 현재의 국고 채권 발행 금리가 0.02%라면 시중 정기예금의 금리도 연간 0.02% 정도의 이자율(수익률)일 것이다. 이미 발행된 국고채 금리가 연간 2%라면 이 국고채의 거래 가격은 얼마여야 할까?

정기예금으로 국고채 이자인 연간 200원을 받으려면, 1백만 원의 정기예금이 필요하다. 1,000,000×0.02%=200원의 수익이 시중의 실세 금리와 같다. 그럼, 이 경우에 이자율 2%로 이미 발행된 국고채의 10,000원당 실제 거래 가격은 얼마여야 될까?

1,000,000원일까?
14,200원일까?

이 채권 가격을 100만 원으로 회계 처리 한다면 잔존기간 동안 매년 약 10만 원씩 평가 손실 처리 하여야 할 것이다. 시세가 얼마이든 만기일에는 정부에서 매당 1만 원과 이자 200원만을 수령할 수 있기 때문이다.

이제 이자율 6%의 의미를 생각해 보자.

국고채 10년 만기물 1매당 1만 원, 보통 이자율 2%로 발행된다고 치자. 금리 상황에 따라서 이 국고채는 3천~1만 2천 원 등으로 변동될 수 있다. 더 이상의 아래위 진폭도 물론 가능하다. 국고채 1만 원짜리가 3천300원에 거래되어야만 수익률이 6%가 된다. 수익률은 투자액 대비로 계산되는 것이다.

즉 이자액(200원)/투자액(3,300원)×100%=6.06%의 수익률이 되는 것이다. 이 정도의 100% 안전한 무위험 수익률이라면 전 재산을 베팅해도 된다. 복리표로 간단히 계산해도 투자금을 배로 늘리는 데에 소요되는 기간은 불과 12년이면 족하다.

이자율이 내릴 경우도 계산해 보자.
금리가 1% 내리면 이 국채는 1만 700원에 거래되고, 2% 내리면 1만 1천400원에 거래된다. 일본처럼 디플레이션으로 마이너스 1% 금리가 된다면… 1만 2천100원이 된다.

그러나 사실상 거래 가격은 부르는 것이 값이 된다. 왜냐하면 디플레이션이므로 현금 구매력은 매년 급등하는데, 국채는 이자까지 나오는 현금과 같기 때문이고 만기 때까지 아무도 팔지 않을 것이기 때문이다. 즉, 일본 국채처럼 가격 산정이 불가능해지는 상태가 된다.

결국 낮은 이자율이지만 국채를 반드시 사야 하는 경우와 반드시 팔아야 하는 때를 이해하길 바란다. 즉, 이자가 내리면 국채를 사고, 이자가 오르면 국채를 팔아야 한다. 단, 일회의 금리 변동으로 판단하지 말고 금리가 2~3번 오를 때 즉, Three Times Principle에 따르는 것이 좋다. 지금까지 설명한 것이 국채 투자 요령의 요체다.

국채는 이자율 변동에 따라서 이 같은 요술을 부려 주는 무위험 수익성 자산이다. 또, 국고채는 사실상의 무기명 채권이며 현금화하여 그냥 자녀에게 주면 되므로 상속·증여세를 탈루하는 기초자산으로 이용되기도 한다.

이자율 변동으로 수익성 자산의 월세 이상의 이자율이 확보되는 장기 국채라면 이보다 더 좋은 투자대상은 많지 않다. 게다가 한국의 국채는 곧 롱텀 디플레이션에 본격적으로 진입하여 적어도 2029년까지는 폭등이 지속될 가능성이 아주 많다.

결국 이자율 변동에 따라 대표적인 투자자산인 주식 아파트 등등의 모든 자산은 아담 스미스가 말한 '보이지 않는 손(Invisible Hand)'에 의해서 가격이 조정됨을 알 수 있다. 물건 즉 자산의 종류에 따라 조정되는 시기가 다를 뿐 결국에는 수익률에 맞춰 조정된다.

수익률 계산의 그 기준이 되는 것은 금리이다. 환율 또한 경기변동 등 물건 가격에 큰 영향을 끼치지만 이 환율 또한 금리와 밀접한 관계가 있다.

챕터 9) 실제 시장에서의 국채 거래

현재 일본 국채가 세상에서 제일 비싼 채권이다. 일본 중앙은행은 국고채 10년물을 수익률 2%로 무제한 사들이고 있다. 하지만 파는 사람은 없을 것이다.

금리 폭락으로 액면 1만 원 국채 가치가, [챕터 8]의 예처럼 이자율 인하로 인해서, 이론상으로 100만 원인 것이지, 이 가격에 실제로 거래되는지, 이 가격에 살 금융 회사나 개인이 있는지는 별개의 문제다.

일본의 국·공채 시장은 거래가 없는 죽은 시장이 된 지 오래되었다는 것으로 미루어 봐도 짐작할 수 있다. 일본 국채는 현재 가격 결정 불능 위기에 처해 있다. 언젠가는 한국도 일본과 마찬가지가 될 것이다. 국채가 시장에서 거래가 안 될 것이니까 그렇다.

이 데이터마저도 아는 사람이 별로 없으며, 저자가 스스로 알아낸 것으로 약간의 오차가 있지만 비교적 정확하다. 한국의 경제학자나 이론가, 신용평가 회사 실무자들은 이런 결정적 수치는 공개하지 않고 자기들만 보유한다.

국채를 사고 싶어도 한국은 국채 시장이 제대로 형성되어 있지도 않고, 증권사의 채권 시세도 약간은 의심스러워 거래하기에는 약간 꺼림칙하다. 이런 경우를 대비한 국채 투자 방법은 국채 관련 ETF 투자다.

하지만 채권 관련 ETF는 채권 실물 투자가 아니라, 채권수익률이나 채권선물에 투자하는 것이다. 항상 잔존기간이 같은 채권 묶음의 채권수익률이나 채권선물에 투자하는 것이다. 즉, 10년 채권 ETF는 영원히 10년 채권 ETF가 된다.

개인투자용 국채를 빼고는 주기적으로 이자도 나오므로 이에 투자하면 된다. 최근에는 매월 이자를 주는 채권형 ETF도 나와 있다.

KODEX 10년 국채, KODEX 10년 국채 인버스, KOSEF 국고채 10년, KOSEF 국고채 10년 레버리지 등이 있다.

채권투자가 유리하다니까 개인투자자들도 미국 장기채권 ETF에 투자하는 것 같다. 그러나, 엄밀히 얘기하면 미국 장기채권 ETF는 미국 채권에 직접 투자하는 것이 아니다. 미국 채권수익률이나 채권지수선물에 투자한다는 게 정확하다.

자세히 보면, 사실 이 2가지는 큰 차이가 있음을 알아두자.
(a) 10년짜리 미국 국채를 직접 구입한 경우, 연간 표면 이자율대로 이자를 받으며, 만기 시에는 채권 원금을 수령하게 된다.

(b) 미국 국채 10년 ETF를 구입했다면, 연간 ETF 배당금 약 2% 정도이다. ETF는 만기가 없으며, 파는 날이 만기가 된다. 배당금보다는 시세차익에 목표를 둔 상품이며, 가격 변동은 채권수익률의 향방에 달렸다.

무엇보다 중요한 것은
1) 국채 투자로 큰 이익을 보려면, 즉 대박이 나려면 금리 인하기에 장기 국채를 사서 금리 인하가 지속된 후, 금리 인하가 멈추고 나서, 시장에 파는 것이다. 현물이든 ETF든 30년물이라면 국채는, 금리 하락 1%당 3×7%=21%가 오른

다. 그러나 30년물 국채가 거의 없다시피 하므로 30년물 ETF도 없는 것이 현실이다.

2) 이 경우 현물을 매매한다면, 이 이론상 시세대로 움직일 가능성이 거의 없다. 왜냐하면 유동성이 풍부하지 않다면 30년물 국채의 거래량이 적어 제대로 시세를 만들어내지도 못하기 때문이다. 상당량의 30년물 국채는 일부 증권 회사만 보유하기에 사기도 팔기도 불가능할 수 있기 때문이다.

증권회사의 HTS에서 채권을 실시간으로 매매할 수는 있지만 가격은 이론상 가격과 거의 항상 다르다. 그러나 매매가 정당한 가격에 가능하다면 국채 실물을 보유하는 것이 가장 좋다. 정해진 이자와 시세차익을 다 누릴 수 있기 때문이다.

3) 장기간의 금리 하락으로 국채가격의 대폭등이 예상되는데도, 유통물량 부족으로 장기 국채를 보유하지 못해서 시세차익을 누리지 못하는 것보다는 그래도 ETF라도 매매하는 것이 유리함은 말할 것도 없다.

ETF도 가격상 약간의 괴리는 있지만, 그래도 채권수익률의 등락이 그대로 시세에 반영되므로 시세차익을 다 누릴 수 있는 상품이기 때문이다. 국채 관련 ETF도 실물 ETF와 선물 ETF가 있으니 구분해서 투자해야 한다. 이 또한 유통물량이 많지 않아 사고팔기에 불편하다.

4) 미국 국채 ETF는 역시 달러에 투자하는 것이므로, 롱텀 디플레이션 때에는 일본처럼 장기적으로 달러 가격 폭락하니 투자하지 않는 것이 좋다. 게다가 각종 세금도 부과되므로, 미국 국채 ETF 투자는 위험하다고 판단한다. 결국 투자금은 유령 달러가 될 것이기 때문이다.

한국 등의 경우,
워낙 시세에 맞는 국채를 사기가 힘드니까, 롱텀 디플레이션이 본격화되는 국채의 2차 폭락 시점, 즉 채권수익률이 급등했을 때에, 장기 국채 ETF 상품이라도 사서 시세차익을 봐야 하는 것이 아닌가 판단하고 있다.

그리고, 개인 투자용 국채는 물량 소화를 못 해서 국채의 중간 매매와 담보가 허용되지 않을 까 싶다. 이럴 경우 개인소유용 국채를 시세에 맞춰 매수 가능할 것으로 기대하고 있다. 앞으로는 금융투자소득세 도입으로 국채 매매차익 즉 자본이득(Capital Gain)에도 양도소득세와 같은 금융투자소득세가 부과된다는 점은 항상 알아야 한다.

그리고 요즘은 국채를 실물로 발행하지 않는다. 전부 전자채권이 된 지 오래되었다. 즉 국채는 온라인상에만 존재하는 셈이다. 대신에 정부가 보증하는 것이니 절대적으로 안전하다.

챕터 10) 국채 시세차익은 만기가 되면 연기처럼 사라진다

1) 독자들은 자산시장의 순환투자 순서에 따라서, ⑤단계에서 국채를 매수한 후 이자율 하락으로 시세차익이 발생한 경우에, 만기 시까지 보유하면 시세차익은 사라진다는 사실을 알아야 한다. 만기 시에는 액면가만 환불해 주기 때문이다. 따라서, 금리가 최저점일 때 즉 국채가격이 최고가격일 때, 매도하여야 한다.

2) 반면에 이자율 상승으로 이미 폭락한 국채를 사서, 만기 시까지 보유하면 그 이익을 전부 향유할 수 있다. 투자액 대비 높은 이자율로 수익을 만기 시까지 누리고, 만기 시에는 액면가로 환불받기 때문이다.

따라서, 이 경우에는 시세차익을 모두 향유하는 것이다. 즉 채권 중 유일한 투자수단인 국채는 국채가격이 폭락했을 때 즉 국채가격이 충분히 폭락하고 나서 사는 것이 가장 좋다.

그리고, 어느 나라에 금융위기, 외환위기, 대세하락 등이 발생하면 외국인들은 환차손과 국채가격 폭락을 피해 해당 나라의 국채를 투매해야만 한다. 국내 거주자에게는 이때가 국채의 가장 싼 가격으로, 장기투자할 가장 좋은 기회가 된다.

구체적인 예는 1980년대 폴 볼커 시절이다.

1980.12월 당시, 즉 3차 인플레이션 파동의 마지막에 미국 국채 최고수익률(금리)은 무려 22%였다. 1981년 당시 미국 국채에 장기투자했다면 30년간, 미국 국채로 22%의 이자를 수령할 수 있었다. 지금은 상상할 수도 없는 일이다.

1974년 즉, 폴 볼커 시절 인플레율은 (11.0%)였고, 2022년 인플레율은 (9.1%)이다. 세 번째 파동의 최고 국채수익률은 몇 %로 끝날까? 예측해 보라.

단순히 비례식으로 풀어낸 이번 인플레이션 탈출 시의 최고 금리예상률은 무려 18.7%이다. 이 정도면 가히 공황급 불황이 온다는 뜻이다. 저자는 롱텀 디플레이션의 본격화 시대가 온다고 예측하고 있다.

챕터 11) 국채버블 1차 대붕괴는 이미 지나갔다

미국의 기준금리는 0~0.25%에서 5.25%로 2,100%(21배)나 급등하였다. 이에 따라 미국 국채는 10년물 기준으로 35% 폭락했어야 옳다. 따라서 장기 국채는 위험자산이지 안전자산이 아니다.

우리는 SVB 뱅크 부도 사태 이후에 조치된 미국 재무부의 내용으로 장기 국채가 안전하지 않다는 사실을 알게 되었다. 이제 장기 국채는 안전자산이 아니라고 볼 수 있다. 만기까지 가져갈 때만 안전자산이다. 금리 인상 시의 가격 폭락 때문이다.

하지만, 2022.5월부터 기준금리를 21배(2,100%)나 인상해서, 시작된 미국 국채버블 대붕괴 1차는 이미 지나갔다. 물론 저자가 말하는 국채 버블 대붕괴 사례는 1980년대에도 있었다.

그러나 헷갈리지 않게 저자 임의로 2022.5.5일에 있었던, 1차 금리 인상의 시작으로 인한 국채버블 대붕괴를 1차 대붕괴로 부르기로 한다고 이미 말했음을 기억해 주기 바란다.

그 이유는 2022.5.5일이 **고금리(마이너스 금리나 0%의 금리 시대가 아니라는 뜻)** 시대의 티핑 포인트(Tipping Point)라고 보기 때문이다. 즉 1차 대붕괴는 이미 지나갔다. 하지만 1980년대처럼, 2차, 3차의 국채 버블 붕괴가 남아있다고 본다.

2023년, 미국의 SVB 부도 사태 이후로, 오랫동안 미국 국고채는 현재 가치에도 불문하고 액면가액 그대로 가치를 인정해 주도록 Janet Yellen 미국재무부 장관이 조치를 취해 놓은 상태였다. 이제 한시적인 이 조치는 끝났다.

이 조치가 없었다면 미국의 수많은 지방 은행들은 부도 사태를 맞았을 것이다. 이제 미국 국채는 시가대로 평가해야 한다. 만약, 미국 국채를 시가대로 평가한다면 수많은 지역 은행들은 파산할 것이다. 이 조치는 2024.5월에 끝났다. 이제 시세대로 평가하게 된다.

미국 국채를 가장 많이 보유한 기업들은 단연코 지역 은행들이다. 또한 각국 정부도 외환보유고의 상당 비율을 미국 국채로 보유한다. 이 미국 국채가격이 폭락한 시세를 각국의 외환보유고에는 반영되지 않은 것도 알고 있어야 한다.

얼마 전에 UBS가 크레디트 스위스 뱅크를 M&A 처리하는 과정에서, 크레디트 스위스 뱅크가 발행한 영구 회사채를 무상으로 소각 처리한 경우도 있다. 그토록 안전하다던 은행이 발행한 은행채가 무상으로 아무런 대가 없이 소각된 것이다.

영구채는 다른 말로 신종자본증권이라고도 한다. 이것도 그야말로 개인투자용 국채처럼 괴물 회사채다. 그냥 보상 없이 소각, 감자, 증자 등등을 발행자에게 유리하게 할 수 있다. 회사마다 발행조건은 다를 수 있다.

현재 한국의 철강기업 포스코, 한국전력, 옛 두산중공업 등등과 한국의 몇몇 은행도 영구채를 발행했다. 이들의 발행조건, 전환조건, 소각조건 등을 정확히 확인하고 매매하여야 한다. 발행조건을 다 읽어본 투자자도 없을 것이다.

여기에서도 큰 손실이 기다리고 있다고 본다. 얼마 전 HMM의 매각이 성사되지 않은 것도 이미 발행한 신종자본증권 때문이다. 자세히 살펴보면 온 세상이 지뢰밭이다. 따라서 인기에만 영합하는 유튜브를 보고 얻은 단편적인 경제 지식에 따라서 투자하면 절대로 안 된다.

이제 재테크 대상 5대 자산인 주식, 아파트, 달러, 예금, 국채 간 돈의 흐름을 꿰뚫어 보는 펜타곤(Pentagon) 투자법에 따라서 마지막 5단계인 국채 투자에 관해서 본격 검토해 볼 차례다. 그동안 펜타곤 투자법에 따라서 8년간 벌어들인 돈은 은행에 정기예금으로 가입되어 있거나, 마음이 급한 사람은 이미 국채에 도착해 있을 것이다.

그렇지 않다면, 이제 정부의 기준금리의 인하와 함께 정기예금을 해약해서 국채 투자에 나서면 된다. 이번의 금리 인하는 언제까지 내려가는지 전혀 예상할 수도 없다. 왜냐하면 우리나라는 이미 2016년 1월부터 롱텀 디플레이션이 진행 중이기 때문이다.

흔히들 미국 국채는 무위험 자산으로 인정하여 각국 정부는 외환보유고 중 일부를 미국 국채로 보유한다. 이번 SVB(실리콘밸리 뱅크) 파산 사태에서 보듯이 이 세상에 절대 안전자산은 없다. 즉 미국 국채도 안전할 때가 있고 아주 위험할 때가 있다.

일본의 자산시장은 1990년부터 핵심 경제 활동 인구의 감소와 함께 무너졌지만 일본의 생산 활동 가능 인구(Working Age)는 실제로는 1995년부터 본격적으로 줄어들었다.

우리나라의 핵심 경제 활동 인구는 2013년부터, 생산 활동 가능 인구(working age)도 2016년부터 감소하기 시작했다. 미국과 유럽은 우리보다 10년 빠른 2006년부터 생산 활동 가능 인구가 줄어들기 시작했다.

이에 따라 장기간 롱텀 디플레이션이 진행될 것을 고려하면 우리나라도 일본처럼 마이너스 금리 가까이 진입할 것으로 본다. 정말 무서운 상황이 온다. 단기간에 정상 금리로 돌아가지도 못한다.

롱텀 디플레이션은 생산 활동 가능 인구의 감소, 특히 베이비부머의 완전한 은퇴와 막대한 가계 부채, 소구형 주택담보대출 제도의 3종 세트가 원인으로 그 파괴력이 너무나 강력하다.

일본의 단카이 세대(일본의 1947~1949년생을 말함, 680만 명)로 인한 경기 침체와 가계 부채 등으로 인한 롱텀 디플레이션에서 그들은 32년 만에야 탈출했다!

게다가 한국의 롱텀 디플레이션은 일본의 롱텀 디플레이션보다 더 강력하고 신속히 진행될 것이다. 그 이유는 바로 인구 구조에 있다. 한국의 베이비부머 세대와 총인구 대비 비율로 알 수 있다.

일본의 단카이 세대는 한국의 베이비부머 세대(1955~1963년생, 720만 명)보다 인구도 40만 명이 더 적다. 총인구 비중으로도 일본은 한국의 베이비부머 인구 비중인 14.4%보다 더 낮은 5.7%로 1/3 수준이다.

숫자상으로만 계산하면 해리 덴트의 주장처럼 인구가 가장 큰 디플레이션 사유라면 일본의 디플레이션 속도보다 한국의 디플레이션 진행 속도가 2.5배(14.4%/5.7%=2.5배)나 더 빨리 진행될 것은 뻔하다.

따라서 인구 문제로 인한 롱텀 디플레이션의 부작용은 일본과 비교해서 더 강력할 것이다. 즉, 한국에서는 일본의 잃어버린 32년이란 부작용에 불과 12년(32/2.5=12.8년) 만에 도달할 수 있다는 뜻이다.

일본의 인구는 한국의 5천만 명보다 약 2.5배 정도가 많은 1억 2천만 명이나 되기 때문이다. 롱텀 디플레이션 현상마저도 한국에서는 빨리빨리 나타날 것이 우려된다.

그렇지만 한 가지 고려해야 할 사항도 있다.

일본의 단카이 세대는 3년에 집중되어 있지만 한국의 베이비부머들은 9년간 골고루 분포되어 있다. 즉, 롱텀 디플레이션 진행 정도가 빠를 수도 있고 예상과 달리 별 차이가 없을 수도 있는 것이다. 우리나라의 롱텀 디플레이션이 언제까지 지속될 것이냐는 누구도 정확히 알 수는 없다.

저자의 판단으로는 2029(32년/2.5년=12.8년)년 정도까지로 본다. 인구분포 때문에 일본과 별 차이가 없다면, 한국의 롱텀 디플레이션도 32년간이나 지속되므로, 2048년에 끝날 수도 있다. 그러나 단카이 세대와 베이비부머 세대의 총인구 대비 비중을 감안하면 일본의 32년은 한국에서는 32년/2.5년=12.8년 정도가 된다고 보는 것이 타당하다.

베이비부머들은 9년간 골고루 분포되어 있고 단카이 세대는 3년에 집중되어 있으므로 2016년 플러스 12.8년 하면 2029년경이 된다. 즉, 2029년경이면 우리나라도 롱텀 디플레이션에서 완전히 탈출하게 될 것이라 저자 임의로 추정한다.

물론 저자의 예측이 틀릴 수 있다. 그 이유 중 또 하나는 한국의 2차 베이비부머(1964~1974년생, 950만 명)들의 은퇴도 시작되었다는 점이다. 이 인구가 전부 은퇴하면, 한국의 경제성장률을 0.38% 떨어뜨리는 것으로 예측되고 있다. 이와 반대로, 남북한 통일이 되면 일시에 인구가 2,100만 명이 늘어나기도 한다. 즉 변수들은 제법 있다.

그러나 일본은 잃어버린 32년이 지나갔지만 전 세계는 잃어버린 32년이 다가오는 것이다. 또한 GDP 대비 총부채 비율이 개략적으로 100% 근처로 되돌아와야 경제에 활력이 생기는 것도 감안해야 한다.

추정해 내야 할 사항들이 복잡하지만, 롱텀 디플레이션이 언제 시작하고 언제 끝났는지는 지표들을 활용하여 간단히 알아낼 수 있다. 어느 나라의 롱텀 디플레이션의 탈출 여부와 진입 여부는 국내 미국 달러 가격과 코스피 지수의 비례 관계가 반비례 관계로 회복될 때, 롱텀 디플레이션이 종결되고 반대로 비례 관계가 되면, 롱텀 디플레이션에 진입한 것이 된다.

2016년부터 환율과 금 원유 가격이 비례 관계로 변한 것을 확인할 수 있다. 이것이 반비례 관계로 변하면 다시 인플레이션 경제(정상적인 경제, 숏텀 디플레이션)가 변한다.

이제 미국 국채 얘기를 해 보자!
2023년 3월 40년 된 미국의 16위의 은행 실리콘밸리 뱅크(SVB)는 뱅크런, 아니 터치런으로 불과 36시간 만에 파산했다. 같은 때에 미국의 시그니처 은행도 파산했다.

퍼스트리퍼블릭 은행도 터치런(뱅크런이 은행에 가서 자금을 인출하는 것을 뜻한다면 터치런은 은행에도 가지 않고 스마트폰의 앱 터치만으로 자금을 인출하는 것을 말한다)이 닥쳐왔다. 미국의 은행 중 부도 직전에 폐쇄된 은행의 순위로는 두 번째 큰 은행이 SVB이다.

더 놀라운 것이 SVB의 위기가 안전하고 무위험 자산이라던 10년물 미국 국채에 집중 투자 했기 때문이었다. 미국 기준금리가 2023년 3월 0~0.25%에서 5.00~5.25%까지 불과 1년 조금 지나서 2,100%(21배)나 올랐다. 지속되는 금리 인상으로 18억 달러의 미실현 평가 손실이 SVB가 많이 보유했던 미국 국채 10년물에서 발생한 것이다.

만약 어떤 은행이나 국가가 100억 달러 정도 미국 10년물 국채에 투자하고 있었다면 얼마나 잃었을까?
(5.25−0.25)×7%=35%. 즉 35억 달러의 평가손이 발생한다. 금리가 1% 내리면 10년물 국채 가격은 즉석에서 7%가 폭락한다. 20년물 국채라면 금리 1%당 14%가 즉각적으로 폭락한다. 30년물이라면 1%당 21%가 폭락한다. 반대의 경우에도 계산 방법은 같다.

무위험 자산이라던 국채도 이처럼 안전하지 않다. 더구나 세계 제일의 안전자산이라던 미국 국채마저 미실현 손실의 급증으로 국채 평가액이 폭락하여 은행이 부도까지 난 사태가 된 것이다. 흔히들 미국 4대 은행은 안전하다고 말하지만 사실 이 4대 은행들의 미국 국채 보유량이 제일 많다고 봐야 한다. 결국 누구나 위험을 피할 길은 없어 보인다.

미국은 어떤 경우에도, 즉 인플레이션 방어를 포기하더라도 미국 국채를 보호하려 할 것이다. 벌써 미국 재무부는 BTFP(Bank Term Funding Program)를 실시하여 10년물 미국 국채를 시세를 불문하고 액면가로 평가한 후, 액면가로 1년간 중소형 지방 은행만을 대상으로 융자해 주되 2조 달러 한도 내에서 4% 중반 정도의 이율로 융자를 해 주고 있다.

서브프라임 때 풀린 돈이 4조 5천억 달러이고 코로나 때 풀린 돈이 약 2조 5천억 달러였다. 이로 인한 9.1%의 인플레이션을 수습 중인 지금 BTFP의 2조 달러는 무지막지한 금액임을 알아야 한다.

이는 또, 지금 금리가 인상되는 이유, 즉 통화 긴축과는 반대 방향이기 때문이다. 이는 인플레이션이 더 장기화되어도 좋다는 뜻이고 또한 고금리가 장기화되어도 미국 국채는 지켜 내겠다는 강력한 의지의 표현인 것이다.

즉 QT(양적 긴축, 즉 Quantitative Tightening) 중에 다시 양적완화에 나선 웃지 못할 상황이다. 결국 미국이 인플레이션 방어를 포기하는 것과 같아 인플레율은 다시 15% 정도까지 치솟을 것으로 채권왕 건들락이 말한 바 있다.

은행권 내에서만 양적완화가 되는 방안이라 인플레율과는 관계없다는 주장도 있으나 결국 실물 경제에도 풀리는 것이다. 경기 후퇴로 장단기 금리 역전 현상이 다시 역전되면 4~6개월 이내에 경기는 급속히 후퇴하게 된다.

장단기 금리 차이가 나타나면 불황이 되는 이유는 통상 은행은 정기예금과 은행채 등을 판 자금, 즉 단기 자금을 조달해 돈을 장기간 빌려주면서 금리 차이로 수익을 확보하기 때문이다. 즉, 은행은 단기 자금을 장기 자금화하여 대출해 주면서 금리 차액을 수익으로 한다.

장단기 금리가 역전되면 은행들은 단기 자금 마련을 못해 신용창조를 못 하게 되며, 결국 은행은 장기 자금 융자를 못 해주게 되므로 불황이 찾아오는 것이다. 신용창조를 하지 못하면 은행은 수익이 확 줄게 된다. 이 기간이 길어지면 은행에도 위기가 도래할 뿐만 아니라 경제계에는 치명타가 되는 것이다.

현재 일본은 YCC(Yield Curve Control의 약자로 특정 만기일의 국채 금리를 미리 정하고 그 수준을 유지하도록 국채를 매입 또는 매도하는 통화 정책) 정책으로 10년물 국채를 무제한 매수해 주고 있는데, 2023년 4월 현재 이 매수율이 국채 발행액의 109%에 달했다. 국채 발행액보다 사들인 액수가 크다는 것은 10년물 국채 발행액의 9%는 공매도가 되었다는 뜻이고 결국 헤지 펀드들이 일본 국채를 공매도했다는 뜻이다.

일본의 금리가 3% 정도까지 오를 것을 대비한 공매도이다. 일본은 결국 미국 국채를 투매해서 강달러에 대비하게 될 것이므로 장차 미국 국채 금리가 폭등하게 될 것이다.

따라서, 시장에서는 일본의 10년물 국채 금리가 1% 정도까지 오를 것으로 보지만 3%까지는 오를 것이다. 결국 강달러는 미국 국채 투매를 유도하게 되는 것이며, 일본은 이 미국 국채 판매 대금으로 엔화를 사들여야 한다. 3~4분기에는 일어날 현상으로 본다.

금리가 올라서 미국의 모기지(주담대) 금리는 현재 7%대임에도 3~4% 고정 금리로 융자한 자금이 59%에 달하기 때문에 아무런 지장이 없다고들 말한다. 그리고 기준 금리가 안 올라도 시중 금리가 오르기도 하는데, 그 이유는 시중 금리를 은행들이 대출 이자에 반영하기 때문이다. 주로 은행채의 시장 금리를 반영한다.

고금리의 지속으로 하반기부터는, 자산시장의 2차 대폭락이 온다고 보는 것이 타당하다. 이에 따라서 미국은 단기간에 약 1~2% 정도의 기준 금리를 인하할 것으로 보이지만 BTFP와 금리인하로 인해, 다시 15% 정도까지 치솟은 인플레율을 잡기 위해 또다시 긴급히 금리 인상에 나서야 한다고 본다.

즉, 미국은 지난 1980년대 폴 볼커 시절과 같이 금리를 급하게 인하한 후 다시 급격하게 2차 금리 인상을 하게 될 것으로 본다. 이번의 9.1%나 되는 인플레율을 불과 5.25%의 금리로 파월이 끝낼 수 있다면 파월은 신의 손을 가진 것과 같다. 인플레율이 조금 잡혔다고 오판하는 것이 더 큰 화를 부르게 되며 결국 3~4%의 인플레율을 전 세계가 2~3년간은 용인해야 하는 세상이 올 것으로 본다.

1980년대 미국에서는 1974년에 인플레율 11%를 찍은 후 돌연 1970년대 후반에 또다시 물가가 무섭게 오르기 시작해 1980년에는 무려 13.5%의 인플레를 기록한 바 있다.

이 인플레이션율이 파월 시절에도 비례해서 발생한다면 이번 2차 인플레이션율은 11.2%가 되며, 금리 상승은 18.7%가 된다. 국고채는 12%의 수익률을 나타내게 된다. 상상하기도 싫고, 거론하기도 겁나지만, 계산상 비례식으로 계산해 본 수치들이다.

미국의 1976년 12월 기준 금리가 17%였는데, 17년 후인 1992년 2월에야 비슷한 4.13%를 되찾았다. 평상시의 금리 수준으로 되돌아가는 데에, 무려 17년이나 걸린 것이다.

그 이후 미국의 기준 금리는 계속 내림세로 2008년 12월에는 0%대 금리 시대까지 겪고 나서 2022년 3월에야 금리를 처음으로 올리게 되었고 지금에 이른 것이다.

지금 상황을 잘못 판단한 투자자들은, 즉 평상시의 경제 흐름과 최근의 인플레율의 하락을 지켜보며 국채에 먼저 투자했던 사람들은 이제 곧 국채 투매에 나서게 될 것이다.

이 현상이 전 세계에서 일어날 것이며 달러는 다시 급등하게 될 것이다. 그리하여 롱텀 디플레이션은 적어도 2048년 정도까지 이어지며 그때까지 세계 경기는 회생하지 못할 것으로 본다.

따라서 저자는 이번에야말로 전 세계는 물론, 특히 한국은 일본처럼 적어도 2029년 정도까지는 국채에 오랫동안 머무는 투자를 해야 한다고 판단하고 있다.

게다가 일본, 중국, 영국, 한국 등은 자국의 환율 방어용으로 미국 국채를 투매할 것으로 보이며 이 또한 미국 국채 금리의 급등을 유발할 것이다.

우려스러운 것은 미국의 시중 은행들도 미국 국채를 엄청나게 투자해 놓고 있는데, BOA도 미실현 손실 평가액이 엄청나다고 한다. 그렇게 안전자산이라던 미국 국채가 이렇게 폭락하는데 한국을 비롯한 전 세계 각국의 국채들도 불안전한 자산이 아닌가 싶을 것이다. 또한 전 세계 각국은 미국 국채를 그들의 외환보유고의 일부로 엄청나게 보유하고 있다.

이번 미국 국채 평가 가격의 폭락은 FRB의 지속적인 기준 금리 인상에 그 원인이 있다. 10년물 국채를 기준으로 금리가 1% 오르면 국채 가격은 7% 폭락한다.

SVB가 보유했던 미국 국채 10년물 국채는 4.75%×7%=33.25% 급락했을 것이다. 20년물 미국 국채라면 평가액이 4.75%×7%×2=66.5% 급락한다.

이 원리를 응용하면 국채에 투자를 해서 단기간에 큰돈을 모을 수 있다. 채권 금리가 0.25%에서 5.25%로 2,100%나 급등하는 이런 급격한 금리 변동이 예상될 때에는 국채라도 대단한 위험자산일 수 있다.

평상시에는 절대적으로 안전한 자산이지만 지금처럼 금리가 급등할 때 장기 국채는 위험 자산이 된다. 그러나 금리가 급락할 때는 국채가 최고의 투자자산임을 말할 것도 없다. 앞으로 40년간은 고금리 시대이면서 인플레이션은 잡히지 않고 10년 이상 3~4%의 인플레이션으로 가야 하는 세상이 올 것 같다.

그러면 모든 자산 투자는 재검토되어야 한다. 자산 간에도 큰 가격 조정이 필요하게 된다고 본다. 금리를 변동시킨 후에는 평균적으로 고원지대 금리에서 11개월 체류한다는 것이 통계치이다.

이제 앞으로 7~10% 정도의 고금리 시대이면서 인플레율이 3~4% 이상인 시대를 최소 2~3년 이상 갈 가능성이 아주 많다. 이미 1년 가까이 지났다. 모두 다 여기에 대비해야 한다.

Higher for Longer 상황에서 살아남을 사람은 없다. 이미 이자율은

2,100% 즉 21배나 급등한 상황이기 때문이다. 0.25%에서 5.25%가 된 지 1년여나 지난 것이다. 만약 인플레이션이 더 오래 지속된다면, 롱텀 디플레이션 때에 맞는 대박 찬스는 10년 이내에는 오지 않을 수도 있다. 단지, 저자는 이 인플레이션은 길어야 10년 이내에는 잡을 수 있을 것으로 본다.

이번의 9.1% 인플레율을 잡으려면 폴 볼커 시절과 비교하여 단순히 계산상으로만 봐도 이자율을 18.7%까지 올려야 한다. 만약 채권왕 건들락이 말한 것처럼 15%까지 인플레율이 치솟는다면 상상하기도 싫은 일들이 벌어질 것이다.

폴 볼커는 인플레를 잡기 위해 금리를 급격히 올렸다가 다시 급격히 내려야 한다고 했다. 1980년 인플레율이 다시 13.5%까지 급등했기 때문이다. 1980년 12월에는 다시 22.0%까지 금리를 인상해야만 했다. 채권왕 건들락은 40년 경력의 채권왕이어서 이런 상황을 미리 그리고 있는 것 같다.

따라서 이번에는 저금리 시대가 다시 온다고 한 번쯤 기준 금리를 인하했을 때 덥석 국고채 등을 사서는 안 된다. 평상시처럼 미리 최고 금리라고 예측하고 국고채 투자에 나섰다가는 바로 죽음을 맞게 된다. 아무도 예측할 수 없는 상황이 오고 있다.

1981년 폴 볼커(1979년 8월 6일~1987년 8월 11일 재임) 제12대 FRB 의장 시절, 미국 금리가 무려 22%였다. 계산대로라면 이번에는 국고채 최종 금리가 18.7%가 된다. 보통 국고채 금리가 6% 이상이면 IMF 구제 금융을 받는 것이 관례이다. 이 당시 산 국고채는 30년간 이 금리가 그대로 적용되었다.

만약 15% 기준 금리 시대가 온다면 맥쿼리인프라 펀드 평균 분배율은 7%대이기에 이 펀드도 전혀 매력적이지 않은 시대가 올 수 있다. 맥쿼리인프라 펀드의 만기(2042-2023=20년)가 20년 후라면 시세×14%만큼 대폭락한다.

만약 어느 자산의 수익률이 15% 이하, 즉 기준 금리보다 낮은 수익률을 보인다면 그 자산의 가격은 폭락할 것이다. 고금리로 장기간 높은 이자를 내야 하므로 주택 융자금 등 빚을 견뎌 낼 수 있는 사람이 없을 것이다.

약 70년간의 미국의 기준 금리 변동을 나타내 주는 [그림 3]을 보자.

이번에도 2022년 3월부터 기준 금리를 0.25%에서 2023년 5월 5.25%까지 초단기간에 금리를 2,100%(21배)나 초급등시켰다가 금리 고원지대를 지난 후에는 경기 급락으로 다시 금리를 급하게 내릴 것으로 본다. 이로 인해서 다시 인플레율은 급등하게 된다. 인플레이션을 억제하기 위해서 또 기준 금리를 급격히 올리게 된다.

그 이후에는 1980년대처럼 다시 금리를 급격하게 내려야만 한다고 본다. 세월이 변해도 사람들의 심리는 옛날이나 지금이나 항상 같기 때문이다. 즉 이번에도 볼커처럼 또 실수를 하게 된다고 본다.

그 후에는 고금리 시대가 17년 이상 40년 정도 지속되고, 인플레율은 3~4%로 2~3년 혹은 장기간 갈 수 있다. 즉, 인플레가 고착화되며, 전 세계의 인플레이션 목표율 2%는 사실상 실현 불가능한 목표로 봐야 한다.

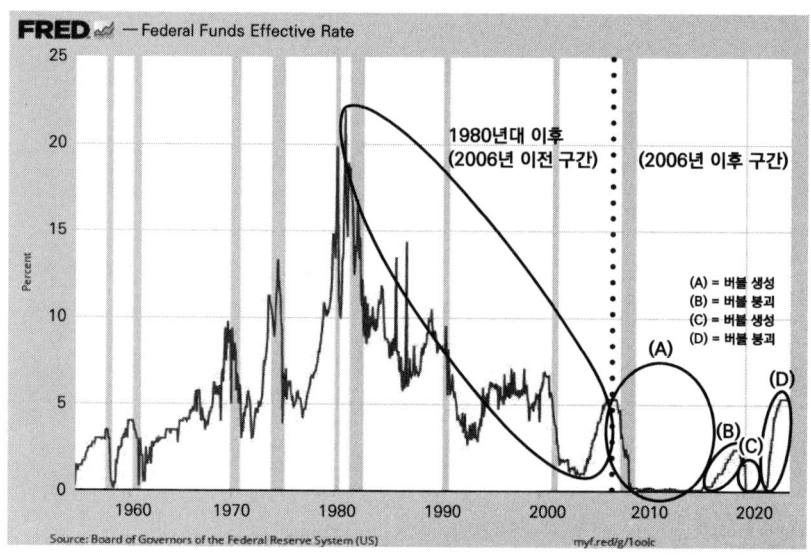

[그림 3] 미국의 70년간의 기준 금리(1954.7.1.~2023.5.30.)

장기간 고금리에 고인플레이션 시대라면 자산시장에 일대 변혁이 찾아온다. 인플레율 3~4%로 40년 가까이 간다면 은행 대출 이자는 9~10%대가 될 터이니 모든 자산 가격은 대조정 시기를 맞게 되는 것이다.

한국의 정기예금 금리가 치솟아 예금 최고 금리가 5%대였던 것이 바로 2023년 1~2월경이다. 정부의 반강제 예대마진 축소 권유로 갑자기 예금 금리가 4%대로 하락했다. 지금은 정기예금에서 2년 정도 기다려야 하는 타임인 것이다.

1980년대처럼 성급한 금리 인하로 인해 다시 인플레율이 급등함에 따라 마지막으로 또 한 차례의 급격한 금리 인상과 비자발적 금리 인하가 남아 있고, 이 급인상과 급인하로 경제는 기진맥진하게 된다고 본다.

이때부터 한국과 세계는 롱텀 디플레이션에 본격적으로 진입하게 될 것이며 이후 1990년 초의 일본처럼 될 것으로 본다. 그 후, 금리는 장기간에 걸쳐 내리게 된다. 10년물과 2년물의 장단기 금리의 역전의 재역전이 이미 시작했으므로 이로부터 4~6개월 후면 경기 침체로 롱텀 디플레이션의 본격화는 거의 확실하기 때문이다.

폴 볼커 시절 기준 금리를 19.85%에서 9.93%로 인하하는 데 불과 5개월(1980년 3월~1980년 7월)밖에 걸리지 않았다는 사실도 기억해야 한다. 그 후에는 1980년 7월에서 1980년 12월까지 불과 6개월 만에 금리를 9.93% → 22.0%로 12.07%나 급인상했다. 10개월 사이에 금리를 9.93%로 내렸다가, 12.07%나 인상한 것이다.

이번에도 그때처럼 금리 인하 후에 단기간에 치솟은 인플레율을 잡기 위해 초고속으로 다시 기준 금리를 올렸다가 경기가 급속히 식어 다시 금리를 비자발적으로 급격하게 인하시켜야 하는 상황에 처하게 된다고 예상한다.

지금은 SVB 등 지방 중소 은행 사태로 또 다른 이름의 양적완화(QE)인 BTFP(Bank Term Funding Program) 제도를 시행함으로써 인플레율이 더 빨리 치솟게 되어 있다.

최근처럼 인플레이션이 잡히지 않는 여건에서는 '볼커의 실수'를 저지를 확률이 아주 높다. 볼커의 실수란 1980년대 초 스태그플레이션을 맞아 당시 폴 볼커 Fed 의장이 금리를 올려 물가가 잡히기 시작했다가 이후 성급하게 금리를 내려 인플레이션이 재발한 사건을 말한다.

이번에도 이처럼 반복될 것이라고 판단한다. 따라서 단기 금리를 낮추기보다 오히려 만기가 10년 이상인 장기채를 대상으로 양적 긴축(QT) 규모를 늘려 장기 금리를 높여 주는 방안이 더 현실적이라고 본다.

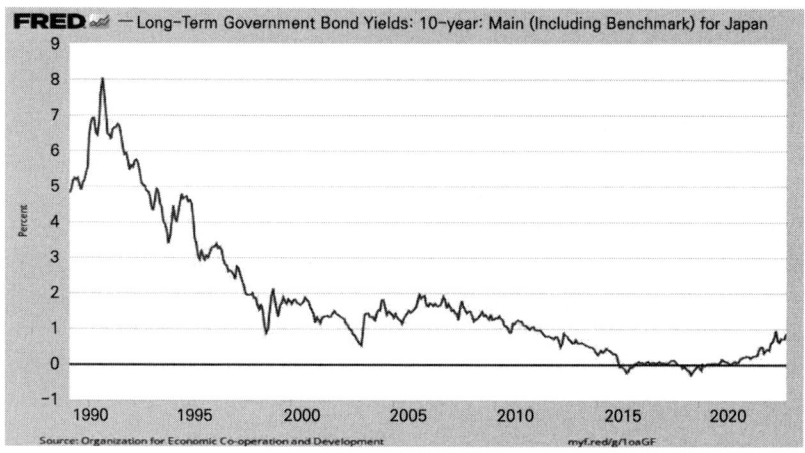

[그림 4] 일본의 34년간(1989.1.1.~2024.4.1.) 10년 국채금리

2016년 1월부터 한국과 전 세계는 일본의 1990년처럼 롱텀 디플레이션에 진입해 있다. 향후 [그림 4], [그림 5]의 일본과 한국처럼 장기간 금리가 계속 내릴 것인가? 사실 이를 아는 사람은 아무도 없다. 그야말로 전 세계가 미지의 세계로 가고 있다.

국제 금 가격과 국제 달러 가격의 관계로 판정할 수 있는 전 세계의 롱텀 디플레이션은 좀 불확실하지만 한국의 롱텀 디플레이션은 이제 피할 길이 없다고 본다. 1990년 1월 초의 일본과 너무나 흡사한 환경에 도달했기 때문이다.

가계, 기업, 정부의 부채 규모, 부채 상환 방법, 경제 활동 인구 감소 등이다. 여기에다가 세계의 기준 금리라고 할 수 있는 미국 기준 금리의 널뛰기로 인한 각 나라 경제 주체들의 피곤함이 가해진다. 이런 것들은 단기간에 해결될 가능성이 거의 없음도 당시의 일본과 닮은 형태이다.

IMF 위기에 직면하는 어느 나라든 그 나라의 국채 할인 금리가 6%가 되면 일단 구제 금융을 받는 것이 관례이다. 정부가 정하는 기준금리에 +α 금리를 더하면 실세 금리가 된다. 이 +α에는 여러 가지가 포함된다.

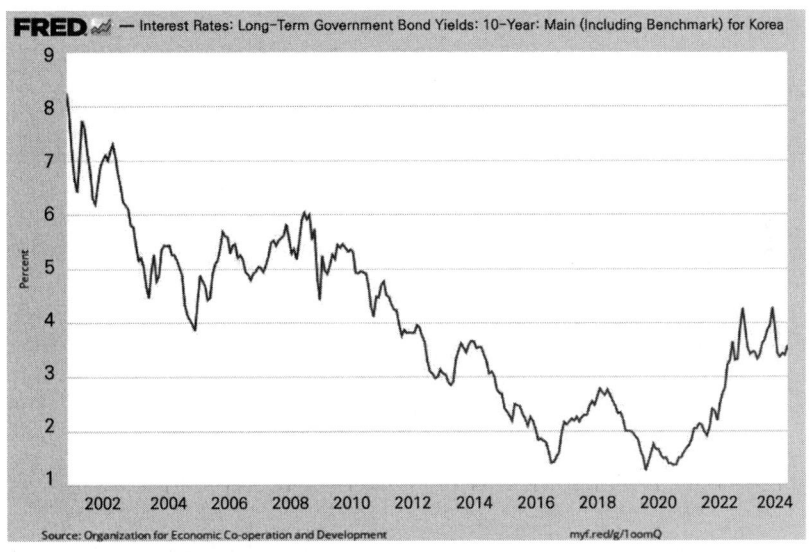

[그림 5] 한국의 34년간(1989.1.1.~2024.4.1.) 10년 국채금리

기준금리를 올리지 않아도 시중 금리인 실세 금리는 오를 수 있다는 뜻이다. +α에는 신용 리스크나 은행채 발행 금리 등이 포함된다. [그림 4]와 [그림 5]는 같은 기간의 일본과 한국의 금리를 나타내는 그래프이다.

한국은 1997년 12월 3일 IMF 사태 이후 금리가 급등했던 것을 [그림 5]의 그래프를 통해서 확인할 수 있다. IMF 때 한국의 주택담보대출 금리는 무려

16.5%였다. 1990년 이후 한국, 미국, 일본의 금리는 지속적으로 하락세를 나타내고 있다.

이렇게 금리가 지속적으로 내리는 디플레이션, 특히 롱텀 디플레이션 시에 투자할 자산은 오로지 국채뿐이다. 물론 회사채도 시중에는 널려 있지만 불경기로 모든 기업들은 부채 이자도 못 낼 형편으로 기업 이익이 줄어들게 된다.

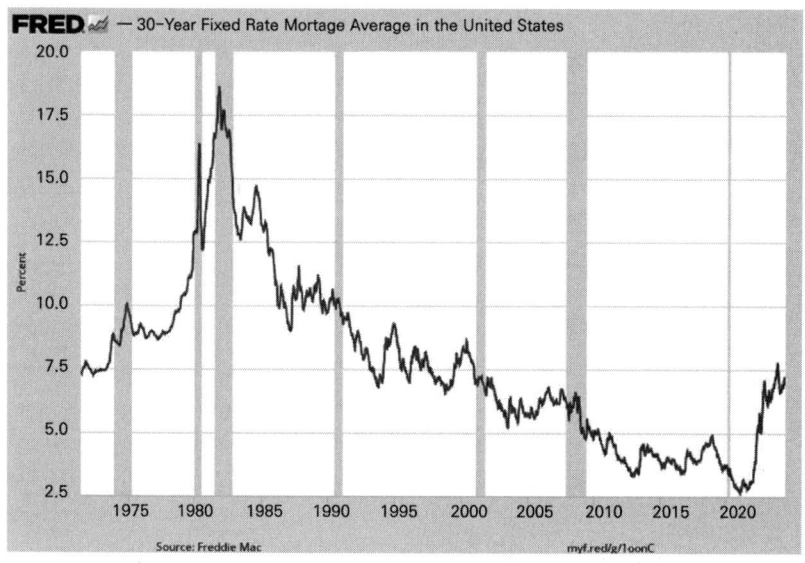

[그림 6] 미국 53년간(1971.4.2.~2024.5.30.) 30년물 미국 모기지 금리

즉, 언제 부도가 날지 모르는 상황이기에 저자는 회사채 투자는 권하지 않고, 오로지 국채만을 안전자산으로 추천한다. 장기적으로 국채의 금리는 마이너스 금리 가까이까지 추락하고 국채의 가격은 끊임없이 오를 유일한 자산이 된다.

특히 롱텀 디플레이션 진입이 가장 확실하고 강력할 것으로 판단되는 한국은 세계 시장에 찾아온 약 40년 정도의 고금리 시대도 감안할 필요가 없음은 지나온 일본의 잃어버린 32년을 보면 알 수 있다.

이제는 금리가 내리면 왜 국채 가격은 급락하는지 얼마나 급락하는지를 알아보자. 이를 알아야 금리 변동기의 국채 투자 요령을 알 수 있다.

한국 국채는 이미 한 차례 상승했으나, 즉 국채 금리가 내릴 것으로 생각하고 국채 가격이 미리 선제적으로 올랐으나 2024년 고원지대를 통과할 즈음 한두 차례의 금리 인하와 인플레율의 재급등으로 급격한 금리 인상과 비자발적인 금리 인하가 있을 것으로 앞에서 설명한 바 있다.

누적될 경상 적자와 트리핀의 딜레마로 2024년 6월 이후에 위기는 본격적으로 나타날 것으로 보인다. 결국 금융위기로 인해, 환율 폭등으로 한 차례 외국인의 한국 국채 투매가 있을 것으로 본다.

이때가 한국 국채를 살 때이다. 미국의 대공황 시, 즉 1932년부터 14년처럼, 또 일본의 잃어버린 32년처럼 지속적인 국채 가격의 폭등이 찾아올 것으로 본다. IMF 당시 국채버블이 아파트 채권에 잠시 나타났었던 이후 다시 상당 기간 한국 국채를 비롯해 전 세계 국채에도 나타날 것으로 본다.

이자율과 상관없이 모두가 채권이 최고라고 외치게 될 때가 바로 꼭대기이며 이때가 국채버블이 터질 가능성이 제일 높을 때다. 일본 이자율은 1990년 8.3%에서 2015년 3월 27일 0.38%까지 폭락했다. 물론 그 후엔 마이너스 금리이며 2023년 4월까지 전 세계에서 거의 유일한 마이너스 금리였다.

금리가 내려도 통상 관성의 법칙이 작용하므로 2회 차 상승 이후에 채권 시장에서 떠나면 된다. 이번에는 너무 서두를 이유가 없다. 위의 [그림 6]은 미국 30년물 모기지 금리 장기 그래프이다.

이처럼 미국에서도 금리가 41년간(1981.10.~2021.1.)이나 금리가 긴 내림세였음을 알 수 있다. 41년간 금리가 내림세였으니, 이제 다가올 40년 정도는 금리가 오름세일 것으로 예측하는 전문가들도 많다.

만약 그렇다면 세상은 완전히 뒤집힌다. 그래서 미리 예측하고 선제 투자에 나서는 것은 너무나 부담스러운 선택이 된다. 확인하고 움직여야 한다. 우리나라는 인구 구조상 롱텀 디플레이션에 진입한 지 8년 차이므로 국고채 중장기채를 사야 한다.

정부가 기준금리를 1회 이상 인하하고 앞으로도 더 인하할 가능성이 훨씬 더 클 때, 점도표가 60%는 넘어설 때, 국고채를 사서 오랫동안, 30년 가까이 보유해야 한다. 환율 폭등이 시장 심리에 미치는 영향으로 한국 국채는 내재가치에 비해 훨씬 더 언더슈팅이 나올 것으로 본다.

* 시기적으로는 2024년 말부터 2025년 상반기가 아닐까 한다. 2024년 5월, 즉 금리의 고원지대가 막 지나고 나서부터 개략적으로 약 1년 정도가 된다.

보통 이때에 금융위기와 함께 환율이 급등하므로 외국인들의 큰 매도세가 나타나게 되면서 외국인들의 국채 투매가 나타나게 된다. 국채와 주식과 아파트도 투매로 마지막 바닥시세까지 폭락하게 된다. 주식시장에는 서킷 브레이크가 수차례 나타나게 된다.

* 내년 2025년 6월 이후, 투매가 완전히 끝난 이때가, 한국 국채의 최적 투

자 시점이 된다. 당연히 주식과 아파트는 아직 아니다. 주식과 아파트의 시세가 바닥이긴 하지만, 1년 전 연간 국제수지가 흑자일 때까지는 본격적으로 오르지 못하기 때문이다.

그 후 오르던 환율이 진정되기 시작하면 외국인들은 이제 다시 환차익을 노리고 국채 시장으로 몰려온다. 현재 미국 국채 금리가 한국 국채 금리보다 더 싸다는 현상도 뭔가 한참 잘못된 상황이다.

그 후에 다시 끊임없이 금리가 내리면서 국채는 급등에 급등을 거듭하면서 버블이 잔뜩 끼게 된다. 기나긴 국채버블 형성기가 지나고 금리 인상과 함께 국채에 낀 거품이 붕괴된 후, 즉 2029년(한국)~2048년(한국 제외 전체)쯤에는 이제 국고채를 팔고 주식 시장으로 나아갈 타임을 고려해야 할 때가 오는 것이다.

새로운 10년간의 자산 사이클이 시작되는 것이다.
물 들어올 때 노를 저어야 하는 것이다.
물은 10년에 한 번씩 들어온다. 지금 주식, 아파트, 달러에 투자하는 것은 맨땅에서 노를 젓는 것이다.
2024 지금, 현재는 정기예금의 시대이다.
국채의 시대가 다가오고 있다!

금리 변동과 환율 변동에 따라 국채 가격 변동이 이렇게 심하므로 국채가 항상 안전하다고는 할 수 없다. 제아무리 정부가 보증하는 국채라고 해도 금리 변동과 환율 변화에는 당해 낼 재간이 없는 것이다.

2023년 4월, 미국 실리콘밸리 은행(SVB)의 파산을 비롯한 몇몇 은행들의 파산을 봐서도 알 수 있고, 앞에서도 자세히 설명했지만 미국 국채도 항상 무위험 자산인 것은 아니다. 특히 장기 국채는 위험자산이라고 할 수도 있다. 단지 만기까지 보유했을 때 안전자산이 되는 것이다.

금리가 급격하게 오르거나 내릴 때에는 국채를 사거나 팔지 않아도 실제적인 평가 손실이나 평가 이익은 은행에 잠재되어 있는 것이다. 잠재된 손익이라 하더라도 신용평가 시에는 해당 은행이나 기업들의 신용 등급의 조정을 수반한다.

이는 관련된 은행이나 기업의 대출과 대출 이자에 큰 영향을 주게 된다. 그럼 국채버블은 어떤 경우에 터지는지를 알아보자.

챕터 12) 국채버블의 2차 붕괴 이유: 시나리오 ①②③

사람들의 기대나 생각과는 달리 현재의 금리 기조는 Higher for longer로 가는 견해와 아니라는 견해가 팽팽하다. 즉, 3~4% 이상 물가상승률이 10년 이상 지속된다고 보는 견해와 곧이어 금년 중으로 금리를 내리기 시작할 것으로 보는 견해가 팽팽하다.

저자는 3가지 시나리오를 전부 생각하며, 이에 대비해서 국채에 투자해야 한다고 생각한다. 즉 향후 시나리오는 3가지다. 3가지 시나리오 전부 다 국채버블의 2차 붕괴는 피할 길이 없다. 먼저 가능성이 더 많은 첫 번째 시나리오부터 보자.

1) 시나리오 ①
사람들의 기대에 부응해 제롬 파월은 금리를 일찍 내려, 2차 인플레이션을 유발한다. 즉 일찍 내린 금리로 전 세계는 다시 인플레이션을 잡기 위해서 금리를 대폭 인상하여야만 하게 된다.
이것이 폴 볼커의 실수이다.

폴 볼커의 실수처럼 제롬 파월의 실수를 보게 되는 경우이다. 이것이 가능성이 훨씬 더 많다고 본다. 인플레이션을 잡기 위한 여태까지의 금리 인상은 보통 3차례 정도나 파동이 있고 나서야 끝났다는 사실을 알아야 한다.

[그림 3] 미국의 70년간(1954.7.1.~2023.5.30.) 기준금리 그래프를 다시 살펴보면 알 수 있다.

[그림 3]을 일견하면, 우리는 약 40년간 고금리 시대를 지나고, 그 후 약 40년의 저금리 터널을 지나왔다. 이제 다시 고금리 시대로 진입한 것은 아닐까 의심할 수 있는 상황이다.

이 기간 중에 2001.12.11일 중국이 WTO에 가입해 20년 이상 전 세계는 인플레 없는 경제성장을 이룬 것은 사실이다. 그 후 코로나 사태로 인해 다시 미국과 중국은 서로 무역규제로 모든 원자재 가격을 올렸다. 이것이 전 세계가 다시 인플레이션을 맞게 된 주요 원인이 아닐까 싶다.

이 인플레이션 바람에 미국은 기준금리를 단기간에 2,100%(21배)나 급격히 올려 인플레이션에 대응하고 있다. 0.25%의 금리를 5.25%로 올렸으나 인플레이션은 아직도 잡히지 않고 있다.

단기간에 금리가 급등했으므로 금리 인상을 예측 못 한 가계, 기업, 정부의 각 경제 주체들은 금리 인하를 애타게 기다리고 있다. 게다가 2024년 미국 대통령 선거일 11월 5일이다. 즉 정치적인 변수도 금리 인하와 관련이 있을 수 있다.

제6대 미국 연방준비제도 의장 제롬 파월은, 조급한 마음과 시중의 분위기에 휩쓸려 너무 서둘러서 금리를 내리게 될 것으로 본다. 정치적인 이유도 조기 금리 인하와 판단 오류의 원인의 하나가 될 수 있다. 이러한 경우, 인플레이션율이 다시 급상승하여 다시 금리를 인상하게 될 것으로 본다.

이는 다시 경기를 급강하시키게 될 것이다. 그 후 경기 급락으로 금리를 다시 인하하여야만 하는 것이다. 이것이 '파월의 실수'이다. 이렇게 파월도 폴 볼커 전 연방준비제도 의장처럼 실수를 할 것으로 본다. 이때부터 기나긴 롱텀 디플레이션 상황이 본격화된다고 본다.

2) 시나리오 ②
사람들의 기대와는 달리 상당 기간 시중의 금리가 Higher for Longer로 간다면 어느 경제 주체든 부채를 갚지 못하고 도산하는 사례가 생겨날 것이다. 금리가 2,100%나 급등한 상태에서 2~3년을 무사히 버틸 경제 주체는 없다.

어느 경제 주체든 부채가 너무 많으므로 한번 무너지면 도미노처럼 무너져 내릴 것이다. 따라서 금융위기급 불황이 발생하게 된다. 이에 맞춰 외국인 자금은 환차손을 피하기 위해서 탈출 러시를 이루게 된다. 그 결과 달러환율이 급등하게 된다.

따라서 외국 투자자들은 주로 국채와 주식을 투매하게 된다. 국채와 주식 아파트는 폭락한다. 결국에는 정부는 금리 인하를 해서 대처하게 된다. 이처럼 시나리오 ②에서도 외국인들의 국채와 주식 투매로 거품 붕괴는 피할 수 없다.

그 이후에는, 롱텀 디플레이션이 본격적으로 진행된다고 보는 견해다. 롱텀 디플레이션으로 지속적으로 금리를 내리게 되므로 이후에는 지속적인 국채 가격의 상승이 기다리고 있다.

3) 시나리오 ③
공교롭게도 한국에서는 2025년에 금융투자 종합소득세가 시행된다. 이때 국내시장을 탈출하는 자금이 약 150조 정도가 된다고 한다. 먼저 금융투자 종합소득세를 회피하기 위한 내국인들 중 금융자산이 많은 부자들은 국내 탈출로 국채 주식 등 금융자산의 투매를 하게 된다. 이 자금의 해외 반출을 위해서 달러로 환전할 때 달러가 급등할 것이다.

이에 따라 외국 자금들도 환차손을 피하기 위해 자연스럽게 국내 주식과 국채 아파트 등도 투매가 일어나게 될 것이다. 이런 기회는 일생 일대에 가장 좋은 국채 투자 기회다.

국채가 폭락하고 나서 매수하면 그 당시의 시세차익이 이미 국채 매수가격에 녹아 있으므로 고스란히 시세차익과 이자를 만기까지 다 누릴 수 있다. 따라서 미리 예측하고 선행적으로 국채에 투자하면 안 된다. 이렇게 좋은 매수 시기는 없다.

(결론 1)
앞으로의 미국 연준의 기준금리 향방은 시나리오 ①, ②, ③ 중 하나이다.

①의 경우에는 파월의 갑작스러운 금리 인하로 인해, 국채가격이 폭등한다. → 금리를 인하했기에 다시 2차 인플레이션 발생한다. → 인플레이션을 다시 진정시키기 위해 부득이 금리를 인상한다. → 국채가격의 2차 대폭락 현상이 나타난다. → 이후 롱텀 디플레이션 본격화로 긴 금리 인하를 하게 된다. → 기나긴 국채의 폭등이 기다리고 있다.

이처럼, 앞으로 금리 인하와 인상이 한 차례씩 남아있다고 보는 견해다. ①의 경우가 70% 확률이다.

②의 경우에도 고금리를 장기간 견디지 못한 내국인은 국채나 주식 아파트 등의 투매를 하게 되어, 가격 폭락을 초래한다. 다이아몬드 달러 투자법에 따라서 달러는 급등한다.

이로 인해 결국에는 외국인들도 환차손 회피를 위한 동반 투매로 인해 국채 주식 아파트 등 국내 자산의 대폭락 현상이 나타나게 된다. 이 경우에도 폭락 후에는 금리 인하로 인한 기나긴 폭등이 기다리고 있는 것이다. 약 30% 확률로 본다.

시나리오 ③의 경우는 이미 시행 일자가 내년 초로 정해져 있다. 확정적이다. ③과 같은 현상의 발생 확률은 80% 이상이다.

3가지 경우 전부 다 국채 투자를 하면, 완벽한 대박 기회가 된다. 기나긴 금리 하락과 계속되는 국채가격의 상승을 즐길 기회가 오는 것이다.

시나리오 3가지 전부 다 이미 국채가격에 시세차익과 이자가 녹아 있으므로 만기까지 보유하면 모든 이익을 다 향유할 수 있다. 매수자 입장에서는 가장 좋은 매수 타이밍이다.

매수 후에도 금리 하락으로 인한 시세차익이 추가로 발생하겠지만, 중간에 매도하느냐, 만기 때까지 국채를 보유함으로써 기존의 시세차익만을 누리느냐는 본인 스스로 결정하여야 할 것이다.

일본은 32년간, 미국은 19년간 롱텀 디플레이션을 겪었다. 한국은 2029년까지, 전 세계는 2048년까지 롱텀 디플레이션에서 빠져나오지 못할 것으로 본다. 이때까지 매년 이자를 받으며 오르는 국채가격의 시세를 즐길 수 있다.

금융위기와 코로나 사태로 인한, 장기적인 금리 인하 시기에 풀린 돈으로, 잔뜩 부풀었던 거품은 이제 재평가를 받아야 한다. 즉 너무 이른 금리인하 등에서 촉발된 2차 거품이 꺼지면서 부도날 개인과 기업이 나오게 마련이다. 휘

청거릴 은행과 저축은행 등도 나오게 되어 있다. 즉, 조기 금리인하 등으로 인해서 2차 국채버블은 반드시 터질 운명이다.

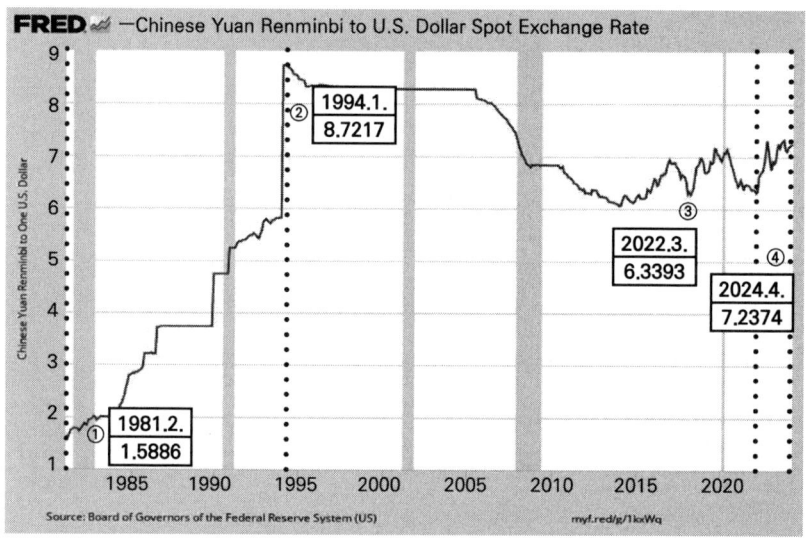

[그림 7] 중국의 환율 변화

이 버블이 터지면 외국 자금의 해외 유출로 달러는 급등하고 국채는 폭락한다. 그 후 정부는 다시 금리 인하에 나서게 되고 롱텀 디플레이션으로 지속적인 금리 인하 시기를 맞게 된다.

바로 [그림 2]의 초장기 일본 금리 그래프처럼 기준금리는 한없이 내리면서 국채가격에 역거품이 끼기 시작할 것이다. 금리는 장기적으로는 일본처럼 다시 마이너스 금리 가까이까지 내릴 것으로 본다.

(결론 2)

미국의 기준금리가 5%나 급등했으므로, 미국의 지역 은행들은 엄청난 평가손실을 기록하고 있을 것이다. 앨런의 조치로 5월까지 평가손실을 반영하지 않았지만 이제 유예조치도 없어졌다.

각국의 중앙은행들도 외환보유고 상당액을 미국 국채로 채우므로, 엄청난 평가손실 상태이다. 즉 어느 나라나 외환보유고가 턱없이 부족한 상태일 것이다.

금리는 이 세상 모든 물건들의 가격을 정해준다. 금리가 오르면 환율도 오른다. 자산마다 정해진 전통적인 수익률이 있는데, 이 수익률은 이자율이 그 기초가 된다. 즉 이자가 올랐는데 오피스텔의 월세가 이자가 오르기 전과 같을 수는 없다.

월세가 오르거나 오피스텔의 가격이 내려서 실질 수익률은 이전과 비슷해지고, 각종 자산 간에도 장기적으로는 비슷하게 맞춰지게 된다. 즉, 대표적인 재테크 대상 자산인 주식이나 아파트와 오피스텔의 수익률이 차이가 난다면, 중장기적으로 수익률이 더 높은 자산으로 자금이 이동되어 전체 자산들 간의 수익률마저 원래대로 비슷하게 맞춰지는 것이다.

이것이 바로 금리가 '보이지 않는 손'이라는 증거이다. 이번에, 단기간에 금리가 21배(2,100%)나 급등하였다. 이로 인해서 결국 기업이나 개인 정부의 경제주체들 중 누군가는 이 고금리를 장기간에 걸쳐 버텨내지 못할 것이다.

결국 시나리오 ① ② ③으로 촉발될 것으로 예상되는 국채의 2차 버블붕괴가 올 것은 확실하다. 따라서, 국채버블 붕괴 시의 투자 방법을 미리 알아두는 것은, 미래의 투자를 위해 너무 좋은 일일 것이다.

마지막으로

미국 대선 결과도 채권(국채)버블 붕괴에 영향을 끼칠 요소로 떠오른다. TV 토론 이후, 트럼프의 재당선 가능성이 높아지면서 그의 경제정책으로 인한 인플레이션율의 급등이 예상되기 때문이다.

중국 제품에 대한 고율의 관세 부과와 우호국에 제품 전반에 대한 관세 부과 등으로 인한 인플레이션의 유발이 예상되기 때문이다. 이로 인한 인플레이션을 진정시키기 위한 2차 기준 금리의 인상 행렬이 생겨날 가능성도 있기 때문이다.

이에 따른 물가상승으로 이자율의 급등이 예상되어 앞으로의 국채버블의 2차 붕괴 요인 중 시나리오 ④가 될지도 모른다. 현재는 가히 카오스(Chaos)의 시대라 할 만하다.

챕터 13) 국채버블 붕괴 시의 투자법

베네수엘라, 아르헨티나 등 남유럽에서 그랬던 것처럼 버블이 터지면 해당 국가의 국내 달러는 폭등한다. 외국인들 특히 위기 국가에 투자한 미국자금은 위기 국가의 달러가 급등하므로, 얼른 국채를 팔고 환전하여 귀국하여야 손실액을 조금이라도 더 줄일 수 있다.

미국인을 제외한 외국인 자금은, 귀국하여 달러를 팔고 자국 화폐로 환전하게 되면 각국의 화폐가치는 급등한다. 일본을 예로 보면 엔화는 급등하고, 달러가 급락했음을 볼 수 있다. 이 현상이 '일본의 저주'이다.

단기간에 걸친 해외 투자자산의 투매가 끝나면 즉, 외국인 철수가 끝나면 달러 가격은 급락한다. 한국의 IMF 상황을 보면 알 수 있다. 달러 가격이 진정되는 시기는 위기의 정도나 국가에 따라서 다름은 당연하다고 하겠다.

(1) 외국인이 투매하는 국채를 산다

외국인이 환차손을 피해서 투매하는 국채와 주식 아파트는 사야 할 대상이다. 위기가 진정되면 급등하기 때문이다. 해당 국채의 안전성 변화로 인한 매도라기보다, 환차손을 피하기 위한 매도여서 일시적인 매도세인 것이다.

롱텀 디플레이션이 진행 중인 지금 같은 경우, 국채 주식 아파트 중에서 국채만은 지속적인 금리 인하로 가격이 계속 오를 수 있다. 주식과 아파트는 롱텀 디플레이션이 끝날 때까지 80~90% 정도 내린다.

(2) 해당되는 인버스 상품을 산다

각종 인버스 상품은 좋은 투자대상 자산이 된다.
- KODEX 200 선물 인버스 2X, 국채 인버스 ETF도 대안이 된다.

(3) 맥쿼리인프라 펀드 주식을 산다

맥쿼리인프라 펀드는 국채보다 더 좋다. 한국에만 있는 맥쿼리인프라 펀드는 주식 기능+펀드 기능을 가진 금융상품이다. 한국 내 사회 간접 자본에 투자해서 매년 675~900원의 분배금을 분배하는 맥쿼리인프라(코드번호: 088980)라는 상품이다. 호주 맥쿼리은행이 조성·관리한다.

2043년에 해산하는 시한부 펀드다. 국채보다도 훨씬 배당금이 많고, 국제적 신인도 때문에 배당 약속 등을 깨트릴 수도 없는 일종의 부동산 리츠 같은 성격도 지녔다.

이 주식은 MRG로 최소 수익률이 보장되어 있다. 한국 정부가 수익률을 보장한다. 디플레이션으로 이용이 저조해서 최저 수익률만을 받을 경우도 상정해 봐야 하지만, 금리와 역의 관계에 있음은 국고채와 같다. 그러나 구태여 따지면 맥쿼리인프라는 2042-2024=약 19년짜리 국고채와 같다.

연간 배당 예정 금액은 2018년부터는 연간 675원~900원으로 예상된다. 투자액에 대비하여 연간 수익률이 약 7% 정도가 되는 국고채인 셈이다. 정부가 MRG로 최저 수익을 보장했지만, 최저 수익일 경우의 배당 예상액은 알려져 있지 않다.

추정하건대, 약 4~5% 정도로 예측한다. 즉, 배당 예정 금액(675원~900원)

은 최저 예상 배당 확정액이 아니라, 지금처럼 수익이 서서히 늘어나는 것을 전제로 한 배당 예상 금액이다.

국채와 다른 점은 만기 시에 액면가 5천 원(발행가 7천 원)을 반환하지 않고 만기 전에 3회에 걸쳐서 강제적으로 미리 분할 지급한다는 점이다. 2023부터 배당 예상액이 연간 700원 이상이니까, 분배금 총계가 700원×20년=1만 4천 원이다.

투자 전, 맥쿼리인프라 펀드의 가격 변동에 대한 대비책이다. 만약 앞으로 고금리 시대가 도래한다면 맥쿼리인프라 펀드도 가격 폭락을 면하지 못할 것이다.

그러나 만기 시까지 보유한다면 분배금(배당금)만으로도 구입 가격을 넘어 절대적인 손실액은 발생하지 않는다는 것이다.

원금 5천 원은 3회에 걸쳐 반환될 것도 고려하여야 한다. 2024년 즉 금년에 액면가 5천 원 중 일부인 1,300원을 리펀드할 예정으로 있다. 앞으로 인플레이션은 4~5%로 2~3년 정도는 지속되고 고금리 시대가 도래할 것도 미리 생각해 보고 투자해야 한다. 맥쿼리인프라 펀드는 국채보다 더 좋은 투자상품으로 본다.

(4) 금과 비트코인은 전혀 투자대상이 아니다

1) 금은 폭락한다.
어떤 사람은 금값의 폭등을 예측하지만 금은 유동성이 거의 없으므로 외국인이 환차손을 피하기 위해 국내자산를 투매할 시에 투자할 자산은 전혀 아니다.

게다가 곧이어 롱텀 디플레이션이 본격화되므로 금은 전혀 투자대상이 아니다. 금은 다른 자산들에 비해서 현재에도 약 60%나 고평가 상태이다.

2) 비트코인은 연기처럼 사라진다.
비트코인은 더더욱 투자대상이 아니다. 2024.1.10.일(현지 기준), 비트코인 실물 ETF가 미국 증권 시장에 상장됨으로써, 이제 비트코인은 신비주의, 비밀주의가 사라졌다.

각국 SEC의 엄격한 소유·이전의 통제를 받는 것과 같다.
비밀주의를 포기한 스위스 은행들이 과거와 같지 않듯이 이제 비트코인은 어느 날 하루아침에 사라져 갈 운명이다.

챕터 14) 유령 달러(Ghost Dollar)가 생겨난다

정확한 금액은 누구도 알 수 없지만 지금 현재 약 6~10조 달러 이상의 달러가 국제 금융시장을 정처 없이 유령처럼 떠돌고 있다. 이 중 가장 큰돈은 일본인들이 해외의 주식이나 채권, 수익성 부동산 등에 투자한 돈이다.

엔화 강세로 인한 잠재적 환차손 때문에 근 40년 이상이나 일본 국내로 들여오지도 못하고 해외에서 떠도는 달러만도 약 3조 5,000억 달러나 된다. 이제 지속적인 엔저로 일부는 돌아올 수 있을 것이다.

다음으로는 세금 부과를 피하기 위해 미국 내로 들여오지 못하고 있는 미국의 애플, 마이크로소프트 등 IT 기업들의 해외 영업 이익금도 유령 달러화되었다. 이 큰 자금들이 정처 없이 해외 금융 회사를 떠돌고 있다.

해외를 떠도는 이런 달러 자금들을 통틀어 저자는 유령 달러(ghost dollar)라고 명명(命名)한다. 유령 달러(ghost dollar)란 한마디로 귀국 시의 환차손, 세금 등의 손실 발생을 피해서 본국으로 귀국하지 못하고 국제 금융시장을 정처 없이 떠도는 부랑 달러를 말한다.

해외에 투자되었던 달러나 해외사업으로 벌어들인 정당한 돈이지만, 귀국 시 막대한 환차손이나 세금 등으로 귀국하지 못하고 세계를 정처 없이 떠도는 달러가 바로 유령 달러다. 이것이 바로 유령 달러의 정체다. 유령 달러이며 방랑 달러(wandering dollar)이자 부랑 달러가 된 것이다.

이 자금은 핫머니(Hot money)와는 그 성격이나 발생 이유가 완전히 다름을 알 수 있다. 핫머니는 투기적 이익을 좇아서 국가 간을 단기간에 이동하는 달러 자금을 말한다. 핫머니들은 국제 경제에 악영향을 끼치므로 핫머니가 국경을 넘나들 때 부과하는 토빈세 도입을 서두르는 나라도 많고, 또한 외환보유고 사정이 좋지 않은 나라들에 결정적인 해를 끼치기도 하는 골치 아픈 자금이다.

이들은 경제 원리대로 움직이기보다는 어떤 나라에 위기가 닥쳤을 때 진입하여 단기적 이득을 취하고는 유유히 빠져나가는 자금이다. 이들 때문에 국내 자산시장인 주식, 부동산, 국채 등에 영향을 주는 경상수지보다도 자본수지가 더 중요해지는 세상이 되어가고 있다.

반면에 대부분의 유령 달러는 발생 동기도 정당하고 성격도 순하다. 블룸버그에 따르면 애플·마이크로소프트·알파벳 등 IT 기업이 해외에 보유 중인 현금은 2조 6,000억 달러에 달한다고 한다. 이 돈들은 해외에서 사업으로 벌어들인 정당한 자금들이다. 이 돈은 미국에 도입하는 순간 약 35%의 세금을 부과한다. 도널드 트럼프 미국 대통령이 선거공약에서 이 세금을 10%로 깎아주겠다고 공약한 바 있다.

그래서 조만간 이 미국 기업들의 해외이득금은 떠도는 유령 달러 신세를 벗어날 것으로 보인다. 세율이야 서로 조정하면 될 일이기 때문이다.

또 미국 IT 기업들의 유령 달러는 일본인들의 해외 투자 실패에 따라 발생된 유령 달러(ghost dollar)와는 발생 원인부터 다름을 알 수 있다. 일본은 세계 제일의 채권국으로 해외 투자 자산이 10조 달러가 넘고 해외 순자산만도 3조 5,000억 달러나 된다. 이 10조 달러의 해외 투자 자금 중 약 50% 가까이인 4조 5,300억 달러가 주식 등 유가증권 투자액이다.

이 중 현지 융자 추정액 약 1조 300억 달러를 뺀 해외 순자산인 3조 5,000억 달러가 40년 이상을 정처 없이 떠도는 유령 달러가 되었다. 즉, 국제적으로 떠도는 유령자금 중 가장 큰 자금은 일본인들의 해외 투자 실패로 반입 시 막대한 환차손이 예정된 이 자금이다.

'챕터 3'에서 설명한 대로, 아베노믹스 정책으로 약 49%가 복구되었어도, 아직 해외투자자산 평가손실은 26%나 된다. 그래서 대중 투자가들은 약 40년 이상 자기 재산을 국내로 반입하지 못하고 있다.

저자는 향후 원화도 강세가 지속될 것으로 예측하고 있는데, 아직은 아니지만 장차 이 자금들 중 거의 전부가 유령 달러(ghost dollar)가 될 운명으로 보인다. 저자가 보는 원화값은 760원보다도 훨씬 이하가 바닥이다.

그 이유는 일본의 롱텀 디플레이션과 비교해 보면 안다. 일본처럼, 너무 차이가 많이 나서 말을 못할 정도로 원화강세가 실현될 것이다.

유령 달러 중 위에서 살펴본 경우는 정당한 자금들이지만 이 밖에 해외도피 자금이나 조세피난처(tax haven) 등에 몰래 숨겨진 탈세 등 불법자금도 유령 달러임은 마찬가지다.

이 유령 달러(ghost dollar)들은 아직까지 세계 경제나 떠도는 나라들에게 악영향을 끼치지는 않는다. 일본인들의 이 자금은 거의 다 미국에 투자되고 있고 나머지 30% 정도가 유럽 등에 분산되어 있다. 물론 이 자금 중에는 해외기업을 인수한 M&A 자금도 섞여 있다.

해외 순자산이 많다고 항상 좋은 것만은 아니다. 대규모 해외자산은 약점도 된다. 일본인들의 자산가치가 해외의 경기나 환율 변동의 영향을 고스란히 영향을 받게 된다. 이는 또한 일본 국내 경기에 영향을 준다.

이 유령 달러들은 현재까지 온순한 달러지만, 장차 성격이 변할 수도 있음을 알아야 한다. 1970년대의 달러 가격이 비쌀 때, 즉 최고치 360엔과 대비해 보면 엔화는 지금 160엔이라고 쳐도 약 56%의 환차손이 이미 예정되어 있다.

해외 순자산이란 것은 한 국가의 소득이나 재산이 국내에서 소비되지 않고 해외로 나간 것이다. 이로 인해서도 일본 국내 경기가 침체될 것은 너무나 당연하다. 만성적인 일본의 경기 침체, 즉 잃어버렸던 32년의 주요 원인 중 하나로 본다. 역설적으로 일본의 누적된 무역흑자가 오히려 일본의 만성적인 불경기를 만들었다고 볼 수도 있는 것이다.

늘어나는 무역흑자로 국내 소비를 유보하고 해외로 소득이 몇십 년간이나 유출되었기에 그렇다는 것이다.
해외에 나가 있는 일본인들의 소득, 즉 재산은 일본의 1년 국내총생산액(GDP)의 약 2배 규모다. 2년 치나 되는 국민들의 전체 소득 해당액을 써 보지도 못하고 고스란히 해외에 투자하고 있는 셈이다.

챕터 15) 국채버블 붕괴 당시의 구체적 대박 사례

국내에서도 이제 개인용 국채투자 시대를 맞아 국채투자가 붐을 이뤄, 국채에도 본격적으로 거품이 끼기 시작한다. 이 국채투자 붐에는 당연히 중산층들이 대거 참여하게 된다. 이 국채버블은 머잖아 중산층과 함께 대붕괴한다. 따라서 채권 버블이 붕괴될 때, 오히려 큰 부자가 되는 방법을 구체적 사례를 통해 미리 분석해 두는 것이 좋다.

그동안 아무도 설명하지 않았던 제대로 된 국채 투자 요령!
구체적인 사례와 대박을 치는 조건을 구체적 사례들과 함께 소개한다.

(1) 부흥부 채권과 베트남 등의 사례

경제 발전 초기 시절에는, 어느 나라든 각종 인허가 민원서류에 정부 채권을 첨부, 강제적으로 정부 채권을 소화하여 산업 자본을 조달하는 경우가 많았다. 이럴 때에 발행했던 정부 채권은 주로 아이들의 딱지 만들기 종이로 쓰였다. 나도 이 채권을 접어서 딱지를 만들어 놀았던 기억이 있다.

그 당시 대한민국이 국채와 이자를 갚을 수 있다고 예측한 사람은 거의 없었다. 그래서 어른들도 말리지 않았으리라. 이를 남몰래 휴짓값보다 좀 더 주고 사 모아 창고에 쌓아 놓았던, 지금은 없어진 영동개발진흥의 여주인. 그 후 재정이 좋아진 대한민국 정부는 일반 국민들의 생각과는 달리 정부 국채의 원금과 이자를 전부 현찰로 지불했다. 요즘 돈으로 수천억 원은 받았으리라.

베트남 중국 북한 라오스 등에는 이런 개발정책을 위해 발행해 강제로 소화된 국채가 있을 수 있으니 예의 주시해 봐야 한다. 대박 기회가 숨어 있을 수 있다.

방금 얘기했듯이, 채권투자만으로 역사적인 대박을 맞은 사람은 건설 회사 영동개발진흥의 창업주이다. 아마도 현 시세로 수천억은 벌었을 것이다. 그녀는 창고로 부흥 채권을 그득히 수집했다고 한다. 그 당시의 한국은 빳빳한 국채용 종이를 만들 수 있는 기술도 없었다.

액면가는 완전히 무시하고 엿장수들이 저울로 달아서 수집하였다. 엿장수나 사채업자들이 중간 매집상 역할을 한 것으로 추정한다. 나도 엿장수가 꼬드겨서, 아버지 몰래 일본 채권을 엿으로 바꿔 먹기도 했으니까.

(2) 북한 국채에도 대박 기회가 숨어있다

현재 북한은 국채를 발행해서 국제 자본 시장에서 새로이 자금을 조달할 수는 없다. 하지만 예전에 국제 시장에서 발행되어 디폴트된 북한 국채가 있다.

이는 미국에서 거래되는데 액면가의 약 3~4%선에서 거래되는 것으로 알려져 있다. 언젠가 한반도가 통일이 된다면 아마도 이 국채는 대한민국이 원리금을 다 갚아 주게 될 것이다. 완전 잭팟 국채가 된다.

(3) IMF 당시의 미래에셋 증권 창업주의 대박 사례

IMF 위기가 터진 후 채권으로 진정한 대박을 친 사람은 미래에셋 창업주다. 1998년 초 시중 금리가 연 30%를 치달을 때에 차입금으로 200억을 채권에 풀 베팅 했다. 이 돈은 빌린 돈이라고 알고 있다. 만약 그도 그 당시 주식에 투자했다면 완전히 망했을 것이다.

같은 해 3월 시중 금리가 20%대로 급락했을 때 채권값은 물론 급등했다. 만약 그가 10년물 국고채에 베팅했다면 시세차익으로 10×7=70%가 올라서 차액으로 3개월 만에 140억 정도를 거머쥐었을 것이다. 이 차익은 세금 한 푼 없는 순수익이다. 바로 이런 것이 핀테크 즉 재무관리(Financial Technology)의 핵심 기술이다.

주식이나 부동산에는 풀 베팅 하면 안 된다.
갭투자하는 아파트나 마진거래 즉 신용거래하는 주식이나 둘 다 위험하다. 그러나 국채에는 풀 베팅도 가능하다. 국채도 은행별로, 5천만 원까지만 정부가 보증하지만 은행 예금보다는 국채가 더 안전하다.

투자의 핵심은 수익률이 아니라 얼마나 집중 투자할 수 있느냐로 봐야 한다. 한국의 은행보다는 한국이 더 안전하기 때문이다. 국채를 사는 것은 사실 국가에 예금하는 것과 같다. 장기 국채는 금리에 민감하지만 만기까지 가져간다면 절대적으로 안전한 자산이다. 저자는 박현주 회장이 대박을 쳤던 이런 기회가 2026년 상반기쯤에 올 것으로 보고 있다.

그 후 또 한 차례 롱텀 디플레이션 기간 동안에 우리를 기다리고 있다. 그러니 지금은 채권투자를 무시해서는 절대로 안 될 타임이다. 요약하면 국채 가격은 달러 폭등과 함께 한 차례 폭락 후에, 기나긴 세월 동안 올라가는 폭등이 기다리고 있는 것이다. 한국 중산층, 한국 투자자들에게 2번의 큰 기회가 남아있다.

(4) BW로 대박을 친 케이스

지금은 없어진 세종증권(현 NH투자증권) 오너였던 ○○○ 씨는 BW(Bond with Warrant)로 수십 배의 차익을 남긴 적이 있다. 저자도 이 사례를 연구하여 WR로 약 6개월 만에, 16배의 수익을 올린 적이 있다.

세종증권의 신주인수권부 사채에 1,800만 원을 투자해서 단기간에 6억 원까지 최대 33.3배나 올라, 생애 최고 평가이익을 올린 적이 있다. 약 15년 전 이야기다. 그러나 저자는 욕심 때문에 파는 시기를 놓쳐서 수익이 대폭 줄어든 16.6배, 3억 원으로 씁쓸한 만족을 한 경험이 있다.

이후에는, 저자는 삼선전환도로 매도 시기를 찾는다. 매수시기를 확인할 때는 삼선전환도를 보조 확인 수단으로만 쓴다. 삼선전환도의 단점은 오르고 내린 가격 폭이 너무 클 경우 음선이나 양선으로 변한 것을 확인하고 사거나 팔면, 너무 늦다는 것이다.

따라서 이 사건(?) 이후에 저자 나름대로 삼선전환도의 고유 투자기법을 수정하여 적용하는데, 최고가에서 10% 내리면 무조건 파는 방식이다.

아무튼, 이처럼 정작 큰돈은 국채투자로 버는 것이다. 이 중에서도 특히 국채는 100% 안전하니까 풀 베팅이 가능하기 때문이다. 투자의 핵심은 수익률이라기보다는 얼마나 집중 투자가 가능한가일 것이다. 국채라면 은행 정기예금보다도 더 안전하다. 은행도 5천만 원 한도 내에서만 지불보증을 해 준다.

위의 사례에서 말한 대박 사례처럼 미리 채권 특히 국채에 대해 공부해 두고 독자들도 대박을 맞을 차례가 오면 놓치지 말아야 한다. 준비된 자, 아는 자에게 채권은 완벽한 황금 방석이 된다.

이 책을 자세히 읽은 분들은 이미 눈치채고 있을 것이다. [그림 8]처럼 우선 1929년의 미국, 일본의 잃어버린 32년에서 확인했듯이 롱텀 디플레이션 시에는 불황으로 이자율이 계속 내리므로, 채권의 가격 폭등이 발생한다는 것이다.

게다가 국채는 매년 2~3%의 국채 이자, 더욱 중요한 것은 롱텀 디플레이션이 오면 약 30년간은 지속적인 금리 하락으로 국채 가격이 대세 상승을 거듭한다는 점이다. 이와 같이 국채 시장에 초대형 호재가 동시에 찾아오고 있는 것이다.

국고채와 맥쿼리인프라 펀드는 펜타곤(Pentagon) 투자법의 마지막 5단계에 반드시 투자해야 하는 자산이다.

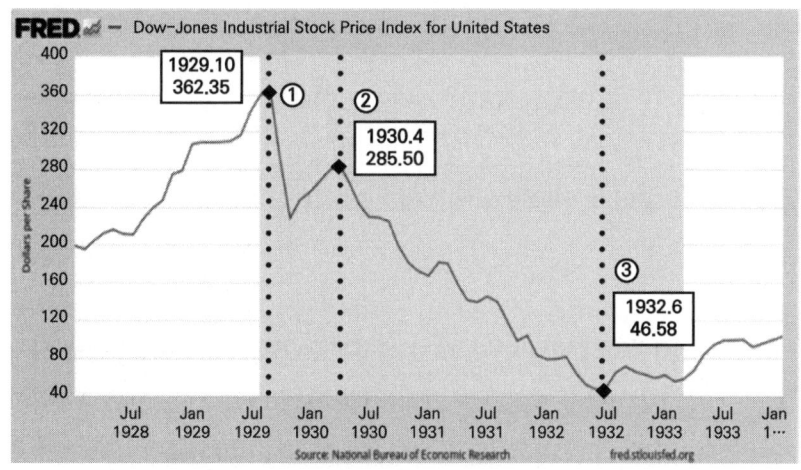

[그림 8] 미국 다우 지수

롱텀 디플레이션이 32년간 지속된 [그림 4]의 장기간 일본 금리의 폭락을 보라! 일본 국채는 가치 계산 불능의 상태에 빠져 있을 정도로 비싸다. 너무 좋은 금융 상품이어서 아무도 팔지 않는다는 사실이 이를 증명한다. 그래서 가격조차 없다. 2016년부터 전 세계는 롱텀 디플레이션이 진행되고 있음을 잊지 말자!

(5) 아파트 채권

비슷한 일은 1980년대에도 있었다. 저자가 직접 경험한 일이다.
아파트 투기가 극심해지자 정부는 분양가와 시가의 차액을 환수하기 위해 국민주택 채권을 강제로 사게 하여 20년간 차익을 묶어 두는 정책을 취했다.

당시 액면가 1억 원짜리 국민주택 채권의 시중 할인 거래 가격은 900만 원 정도였다. 첫 아이가 초등학교 졸업반이 되었을 때 채권을 살려고 마음을 먹었으나, 당시 나에게는 돈이 너무 없었다.

당시 900만 원, 즉 1억 원어치만 사뒀으면 이자가 3%로 20년 복리였으니 복리표로 환산해 보면 20년 동안 이자만 8,100만 원 정도를 받을 수 있었다. 당연히 원금 1억 원을 회수하고서도 말이다. 일생일대의 큰 기회를 놓친 것이다.

이 채권은 20년짜리 채권이었으므로 상속세도 면제였다. 이젠 발행도 하지 않는다. 이 채권이 IMF 이후에는 프리미엄부로 거래됐다. 즉, 액면가 1억에다가 향후 이자를 미리 더하고도 프리미엄이 붙어서 거래되었다.

이렇듯 향후의 상황을 예측하면 부자가 될 기회는 가끔씩 찾아온다. 그러게 평소에 재테크 공부를 해 둬야 이런 기회를 잡는 것이다. 이를 돌이켜 보면 그 당시 전문가들의 예측과는 완전히 반대 방향이다. 인플레이션으로 채권이

휴지가 될 것이라는 전문가와 일반인들의 막연한 예측을 뒤집은 결과였다.

저자는 지방채, 회사채, 영구채도 권하지 않는다
위기에 처하면 회사채 등은 보통 액면가의 20%선에서 거래되지만 회생하는 경우가 많지 않고 잔여 재산을 분배해도 20%를 찾기는 힘들 것이다.

회사에 잔여 재산이 있다면 기업은 제일 먼저 사채권자의 빚을 갚아야 한다. 이 회사채는 주식보다는 항상 우선순위다. 주식보유자들은 사채권자들에게 재산을 분배한 후에, 잔여 재산이 있는 경우에만 재산을 분배받을 수 있다.

그러나 이번의 크레디트 스위스 뱅크의 몰락에서 또 배운 것이 하나 있다. 바로 코코 본드(CoCobond, contingent convertible bond)의 구체적 적용 사례가 탄생한 것이다. 유사시 회사채가 주식으로 강제 전환되거나 무상 상각도 될 수 있다는 조건이 붙은 회사채가 코코본드이다.

이자를 좀 더 주지만 우리나라 대기업들이 꽤 많이 발행한 영구채라는 것들도 발행조건을 미리 구체적으로 검토를 해 둬야 좋을 것이다. 머잖아 우리나라에서도 구체적 적용 사례가 나올 것으로 본다.

그래서 정부가 발행한 국채 아닌 회사채는 상대하지 말고 항상 국고채만 상대하라고 한 것이다. 그러나 이 국고채 또한 트릭이 있는지 평소에 공부해 둬야 한다. 이번에 발행할 개인용 국채 발행 조건도 꼼꼼히 따져 보고 투자해야 한다.

이처럼 남의 위기가 나에게는 큰 기회가 되는 경우가 많다. 물론 미리 준비되어 있지 않으면 나도 위기를 맞을 것이다. 만약, 한국에 또다시 IMF 사태처럼 큰 위기가 온다면 한국보다 상대적으로 이자가 더 싼 중국이나 미국에서 융자를 받아 한국 자산에 투자하면 큰 기회를 잡게 될 것이다.

IMF 사태처럼 경제위기는 한국에만 온 것이므로 단순히 금리 차이만 하더라도 미국, 중국, 일본은 낮을 것이고, 위기에 처한 한국은 또다시 이자율이 18% 정도일 것이다. 그래서 타국이나 타국에 거주하는 친척에게서 융자를 받아 한국의 은행에 정기예금만 해도 환전 비용이 없다고 가정하면 이자 차익만 15% 정도가 나온다. 자국에 위기가 닥치면 이제는 국제화 시대이니 눈을 국외와 국내로 같이 맞춰 봐야 하는 것이다.

또한, 언젠가는 북한은 한국으로 흡수 통일될 것이고 그날은 아무도 모르게 찾아올 것이다. 한국은 북한 개발 자금으로 엄청난 세금을 거두게 될 것이고 그래도 모자라는 개발 자금을 국제 금융 기구에서 조달하게 될 것이다. 달러가 엄청나게 소요되고, 인플레이션이 될 것이므로 달러값이 천정부지로 뛸 것이다.

이때를 대비하여 달러를 사 모으거나 통일 직후에 미국과 중국에서 달러를 들여오면 큰 기회가 될 것이다. 한국을 비롯한 전 세계는 2016년 1월부터 롱텀 디플레이션(Long Term Deflation)에 진입해 있으므로 달러에 대한 투자는 평상시의 경제하에서만, 즉 숏텀 디플레이션(Short Term Deflation)에서만 투자해야 한다. 다만 위기가 닥쳤을 때 단기적으로만 생각해 볼 수 있을 것이다.

하지만 최근 미국의 리쇼어링(Reshoring) 정책은 강력하고도 장기적인 달러 강세 요인이다. 전 세계에는 롱텀 디플레이션에 따른 강력하고도 긴 달러 가격 하락 요인도 2016년 1월에 이미 도래해 있다.

미국의 리쇼어링에 따른 달러 강세 요인과 롱텀 디플레이션에 따른 각국의 달러 가격 하락 요인 중 어느 요인이 더 힘이 세냐에 따라 앞으로의 달러 가격의 향방이 결정되리라 본다.

예전의 개발 경제 시대에는 정부가 차관이라는 명분하에 해외에서 싼 이자의 자금을 엄청나게 들여왔고, 이 싼 이자의 자금들은 주로 지금의 재벌들에게 시중 금리보다 싼 이자로 주어졌다.

당시 국내는 만성적인 인플레이션 경제 아래 있었으니, 단지 금리 차이만 해도 재벌들은 1년에 수천억을 그냥 삼킨 것이다. 그러니 정부가 재벌에게 정치 자금을 달라고 말하지 않아도, 수백억을 갖다 바치는 세상이 수십 년간 지속된 것이다.

차관의 빈번한 도입은 저자가 고등학교와 대학교 저학년 때의 일이지만, 당시에는 차관이 우리나라와 국민들에게 좋은 줄만 알았다. 언론에서도 그렇게 자랑스러워했었다. 그러니 경제 공부는 항상 해야 한다.

정부는 또다시 다른 일로, 앞으로도 국민들을 속일지도 모른다. 항상 큰 소용돌이, 사회적 이슈가 생기면 신문 방송 등을 통해서, 반드시 새로운 사항들을 이해하고 지나가야 한다. 그렇게 세월이 흐르면 모든 지식과 정보들이 융합되어 머리를 차지하고 있을 것이다.

북한과의 통일 얘기가 나온 김에 한마디 더 하겠다. 만약, 통일이 되면 어느 자산에 투자를 해야 할까? 이는 독일을 연구해야 한다. 달러값이 오를 것은 너무나 명백하다. 독일은 등기부에 흔적이 있는 경우 동독 땅의 소유권을 다 인정해 줬다. 우리도 그렇게 될 것이다.

사회 간접 자본 주식은 폭발할 것이다. 한국전력, 건설, 은행 등은 정부의 자금으로 신속히 경제 부흥에 나서야 할 것이다.

세계적인 투자가 짐 로저스는 통일 시점의 한국의 부동산 등 자산들을 노린다고 공공연히 말해 왔다. 역사상 가장 큰 투자 기회라고 본 것이다. 그가 맞다. 그러나 이런 투기 자본에 투자할 기회를 주는 것은 전부 검토가 끝나고 판단해야 한다.

챕터 16) 채권(국채)투자로 부자가 되는 비밀

앞 챕터에서 소개한 사례들은 모두 다 위기를 기회로 활용하여 대박을 친 사례들이다. 이런 기회들은 평소에 검토하고 연구해 놓지 않으면 실제로 기회가 와도, 대박 기회로 활용할 수도 없다.

채권(국채)투자로 부자가 되는 비밀은 의외로 간단하다.

하나둘 살펴보자!
1) 우선, 시세보다 국채를 싸게 사야 된다.
시세보다 싸게 살 수 있을 때는 위기가 닥쳤을 때이다.
어느 나라에 금융위기, 경제위기가 닥쳐, 환율이 치솟을 때는 외국인들은 비이성적으로 국채를 투매하게 된다. 외국인들은 환차손과 매매손실 2가지를 동시에 피해야만 하기 때문이다. 이때가 국채를 시세보다 싸게 살 수 있는 유일한 기회가 된다.

이때 즉, 외국인들이 비이성적인 가격으로 국채를 투매할 때에 내국인 들은 1/3씩 국채를 분할 매수해야 한다. 아무도 최적기를 맞출 수 없기 때문에 분할 매수로 대응해야 한다.

2) 가장 비쌀 때 팔아야 한다.
위기가 진정되면 외국인들은 다시 국채매수에 나서게 된다. 국채 투자에 대한 외국인들의 인기가 치솟으면 내국인들도 국채를 따라서 매수하므로 국채에 거품이 다시 부풀어 오른다. 이때가 단기적인 국채매도 최적기가 된다. 역시 최고 거품 때를 누구도 맞출 수 없으므로 매도 시에도 1/3씩 분할매도한다. 5)항 6)항을 고려하여, 매도 시기를 신중하게 결정해야 한다. 이번에는 롱텀 디플레이션으로 그대로 이어지므로 신중히 판단하여야 한다.

3) 국채에만 투자하여야 한다.
국채는 정부가 발행한 채권이며 어떤 경우에도 원금이나 이자를 하루라도 늦출 수 없는 채권이다. 이렇게 좋은 것이 국채이지만, 앞에서도 수차례 설명했지만, 평상시에는 국채는 물론 어떤 채권에도 투자하지 않아야 한다.

국채이자는 항상 인플레이션율에도 못 미칠 정도로 싸며, 평상시에는 시세변동도 거의 없기 때문이다. 즉, 평상시에는 국채보다 수익률이 높은 투자자산들이 많기 때문이다.

4) 금융위기 재정위기 외환위기 시에는 특히, 국채 외의 다른 채권에는 절대로 투자하지 않는다. 이미 앞에서 설명한 것처럼 누구나 위기 때에는 자금이 필요하다. 위기 시에는 지방채도 믿을 수 없으며 특히 회사채는 부도나 지불유예 등으로 큰 손실을 볼 가능성이 항상 있음을 잊지 말아야 한다. 하지만 국채는 원금이나 이자를 하루도 어기는 적이 없다.

따라서, 국채가 제일 안전한 채권이므로 오직 국채에만 투자하되, 이마저도, 금융위기, 경제위기 등 위기 시에만 투자해야 한다. 특히 회사채에는 어떤 경우에도 투자하면 안 된다.

5) 국채가격이 폭락하는 중간에 사지 말고 다 내린 후에 사야 모든 시세차익과 금리를 만기까지, 동시에 즐길 수 있다. 즉, 국채를 살 때 시세가 반영된 가격으로 사서 만기까지 가지고 가면 시세차익과 금리를 전부 향유할 수 있기 때문이다.

이렇게 유리하게 국채를 매수했다면, 또 다시 거품이 부풀더라도 만기 때까지 보유하는 것이 더 유리하다고 본다.

앞에 든 예처럼, 미국의 1980년대에는 약 30년간 매년 국채이자로 22%의 이자를 받았다. 상상할 수 없는 일이 30년간이나 지속된 것이다.

6) 이번에는, 국채투자 최적기인 롱텀 디플레이션을 적극 활용하여야 한다. 이때에는 장기간 금리하락이 예상되고, 마이너스 금리 근처까지 금리가 내릴 가능성이 아주 높다. 금리가 하락하면 이에 맞춰서, 국채가격은 급등한다는 것은 이미 수차례 설명한 바와 같다. 따라서 롱텀 디플레이션은 국채투자로 장기간 고수익을 올릴 거의 유일한 최고의 기회가 된다.

이런 기회들을 누리려면, 채권가격의 변동 원리를 이해하여야 한다. 숏텀 디플레이션과 롱텀 디플레이션의 차이, 이때의 금리변동의 과거 사례들을 미리 알아둬야 한다.

예금이자가 0%대여도 꾸준히 저축을 해온 일본인들의 현명함을 이해할 줄 알아야 한다. 그들은 장롱이나 벽장에 장기간 현금을 보관해 오기도 했다. 은행에 예금해도 이자는 거의 없기 때문이었다.

그러나, 롱텀 디플레이션 시에는 이자는 없어도 다른 물건 가격이 꾸준히 내렸으므로 상대적인 예금(즉, 현금)의 가치는 계속 늘었기 때문이다.디플레이션 때에는 명목이자율에 집착하면 안 되는 것이다. 2016년부터 전 세계는 롱텀 디플레이션 상태이다.

한국의 경우, 과거 박정희 시절, 즉 개발경제 시절에는 은행이자율이 높았으므로 사람들은 은행에 열심히 저축을 했다. 이자율이 두 자리 숫자였기 때문이다. 그러나 실질이자율은 마이너스였음을 안 사람들은 많지 않다. 이를 안 사람들은 부동산으로 떼돈을 벌었다. 이것이 금융지식(핀테크, Financial Technology)을 쌓아야 하는 이유이다.

또 알아야 할 사실은 롱텀 디플레이션 때에 국채에 투자하는 것은 예금보다 더 완전한 대박 기회가 된다는 점이다. 역시 다른 것들은 다 내리기 때문이다.

[그림 4]의 일본의 34년간(1989.1.1.~2023.5.30.) 기준금리 초장기 일본 그래프를 보라. 롱텀 디플레이션이 되면 장기채가 유리함은 그래프 하나로 입증이 된다. 얼마나 많은 시세차익이 발생했겠는가?

기준금리 인하 1%당 10년물 국채는 7%가 급등한다. 얼마 전까지 일본은 마이너스 금리였다. -0.1%였다. 기준금리가 최고점일 때가 국고채 투자 최적기가 된다.

한국 코스피 시장의 경우
2021년 6월 주식 시장의 대세 상승장이 꺾이면서 짧은 기간 동안의 달러 가격 폭등과 폭락을 거친 후, 2024년 하반기인 지금은 정기예금에 가입해 있어야 할 시기이다.

일부 전문가들의 조급한 권유나 투자자들의 잘못된 판단으로, 이미 국채에 투자한 투자자라면 이미 엄청난 평가손실 상태에 있을 것이다. 즉 거품 1차 붕괴는 이미 시현되었다.

이제 평균적으로 약 11개월 정도 지속되는, 금리 고원지대(금리를 더 이상 인상하지도 내리지도 않고 이미 취한 금리의 효과를 검토하는 기간)도 지났다. 현재까지는 2023.3.23일이 마지막 금리 인상일이다.

그러나 급한 마음에 금리 인상의 정책 효과를 확인하기도 전에, 금리인하를 하게 되면, 또다시 인플레이션율은 급등하게 된다. 저자는, 결국 1~2회의 금리 인하 후에 다시 인플레이션을 진정시키기 위해 금리를 급등시켜야 할 것으로 앞에서 예측한 바 있다.

이 경우가, [챕터 12]의 2차 국채버블의 붕괴 이유 중 시나리오 ①이다. 이때 급격한 금리의 인상으로 국채는 또 급락하게 된다. 이후 경기는 급락하고 롱텀 디플레이션은 본격화되므로, 이때부터 롱텀 디플레이션으로 인한 기나긴 금리인하 시기가 도래한다.

따라서 [챕터12]의 시나리오 ①은 물론, ②, ③의 경우와 ④의 경우처럼, 외국인들이 투매할 때 샀던 국채는 물론이고, 상황이 진정된 후에, 외국인들이 투매했던, 국채를 되사들일 때 외국인들과 같이 사들인 국채들을 팔지 않아도 됨은 물론이다.

이번에는 특히, 곧이어 롱텀 디플레이션이 본격적으로 진전되어 지속적인 국채가격 폭등이 기다리고 있기 때문에 더 그러하다.

채권투자로 부자가 되는 가장 핵심적인 비밀은 바로 이것이다! 2016년부터 전 세계에 이미 진행 중인 롱텀 디플레이션의 본격화 시기를 국채 투자 기회로 적극 활용하는 것이다.

롱텀 디플레이션이었던 일본의 경우, 30년 이상 금리가 지속적으로 하락해 마이너스 금리까지 내려갔다. 이번에도 일본을 제외한 전 세계에는 일본과 같은 현상이 생겨날 것이다.

통상적인 불경기라면
거품 붕괴 후 정부는 다시 경기 부양을 위해서 올렸던 금리를 내려야만 할 때가 온다. 금리가 2회 정도 내림과 동시에 정기예금을 해약하고, 국고채 투자에 나서야 하는 시기가 본격 도래한다. 이렇게 국고채에 2~3년 정도 투자하면, 10년간의 경기 순환은 끝을 맺게 된다.

숏텀 디플레이션 즉, 통상적인 불경기라면 이렇게 '10년이면 강산이 변한다'는 한국 속담이 완성되는 것이다. 이 말의 뜻은 10년 세월이 흐르면 강이 산이 되고, 산이 강이 되는 대변혁을 거치게 된다는 뜻이다.

자산 시장에 흐르는 투자순서를 지키면서 자산 간에 순환투자(Asset Cycle Investing)를 하지 않고, 한 가지 자산에만 장기투자를 한다면 누구나 강산이 변하는 큰 손해를 보게 된다.

이것이 펜타곤 투자법이다. 선조들의 속담의 깊은 뜻은 바로 이것이다. 이 속담을 따르지 않으면 누구나 큰 손해를 보게 된다. 결국 돈은 더 많은 이익을 좇아, 주식→아파트→달러→예금→국채를 순환하므로, 장기투자자는 거의 다 망하게 되는 것이다.

다시 돌아와서,
이번의 자산 시장 순환의 마지막 대박 투자 자산은 국고채, 맥쿼리인프라, KODEX 200 인버스, KODEX 200 인버스 레버리지 등이다.

이들 자산은 2048년 정도까지 대세 상승장이 온다고 본다. 이후, 이자율은 성급한 정책 당국자들의 실수로 한두 차례 금리를 내리게 될 가능성이 아주 높다. 그 후에, 다시 치솟는 인플레이션 퇴치를 위해서, 금리를 급등시키게 될 것으로 본다.

이후 본격적인 불경기 즉, 롱텀 디플레이션은 지속되고 금리를 계속 내리게 될 것으로 본다. 이때가 일본의 장기간의 이자율 인하 기간과 같은 때가 된다. [그림 4] 일본의 34년간(1989.1.1.~2024.4.1.) 10년 국채금리를 보라! 이처럼 한국의 국채 대세 상승도 2029년까지로 추정한다.

한국이 아무리 디플레이션 경제를 피하고 싶어도 2017년에 시작된 인구절벽과 국가와 기업과 개인의 부채 문제 등을 피할 수 없을 것이기 때문에 디플레이션 경제는 계속 진행된다고 본다.

앞으로는 한국도 일본처럼 세계 경기 흐름과도 별 관련이 없어진다. 일본의 1989년과 같은 상황에 처한 한국은 2016년 이미 디플레이션 경제에 들어선 사실을 잊지 말아야 한다.

한국에는 한 번도 국채 투자 붐(Boom)이 분 적이 없다. 그러니 당연히 국채 버블이 생긴 적도 없다. 그러나 이번에는 미국이 기준금리를 수차례 올리고 우리도 금리를 올렸기에 1차 버블이 이미 터진 상태이다. 버블이란 실제 가치보다 가격이 더 부풀려져 거래되고 있을 때 쓰이는 용어이다.

국채에 버블이 생기려면 국채 가격이 실제 수익 가치보다 높은 가격에 거래되어야 한다. 국채가 프리미엄부로 거래되어야 버블이 생기는 것이다.

현재 일본 국채에는 엄청난 거품이 끼어 있고, 30년 이상 일본 국채는 대세 상승을 맞고 있다. 아무도 팔지 않으므로 시세도 없으며, 물건도 없다. 한국도 그렇게 될 운명이다. 미국에서도 1932년부터 14년간 국채의 대세 상승 기간이 있었다.

한국에서도 IMF 이후에 제2종 국민주택채권에 딱 한 차례 버블이 형성된 적이 있다고 볼 수 있다. 같은 이름으로 아직도 제1종 국민주택채권이 발행되고는 있지만 속 내용은 전부 다르다.

결국 제2종 국민주택채권은 이제 발행이 중단된 것이나 마찬가지이다. 즉, 이 채권은 기간 만료로, 전액 만기 상환되어 이제는,예전의 채권 실물은 존재하지도 않는다.

당시에는 아파트 투기가 극심해서 아파트를 분양 신청할 시에 채권 매입 예상액을 제시하여 최고액 제시자를 당첨자로 결정했는데, 당첨 후에는 계약 당시에 정부에서 발행하는 제2종 국민주택채권을 입찰 시에 제시한 금액만큼 매수하여 첨부해야만 했다. 신규 아파트 분양 시 부동산 투기 억제를 겸한 제도로 1983년 4월 30일부터 상당 기간 시행되었다가 1999년에 폐지되었다.

당시 이 제2종 국민주택채권은, 20년 후 상환하며, 이자율 5% 복리였다. 즉석에서 채권 수집상들의 할인 매수 가격이 액면가의 약 8~9%였다. 액면가 1억짜리 국민주택채권(사실상 국채와 같음)이 불과 9백만 원 정도에 거래되던 시절이었다. 물론 당시엔 인플레율이 5~6%가 넘던 시절이었다.

이 국채가 IMF를 맞아 최고의 대우를 받았던 이유는 높은 복리 이자의 국채였고, 상속세가 면제되는 20년 채권이었기 때문이다. IMF 이후에는 액면가의 2~3배의 프리미엄부로 거래되었으니, 엄청난 가격 폭등이 있었다.

20년 만기 3~5% 복리 이자이므로 복리표를 이용한 단순 가치 계산을 해 봐도 만기 시에는 이자만 81%나 된다. 추정컨대, 만기 시에는 프리미엄을 제외하고도 구입 가격 900만 원과 비교하여 2,000% 이상으로 대폭등했을 것이다. (1억 8,100만 원÷900만 원)×100=2,011%로 복리 이자만 감안해도 수익률은 2,000%나 되었다.

그러나 이 기간 동안은 인플레이션이 꽤 높이 나타나던 때였으니까 아파트 등 부동산도 꽤 높은 상승세를 나타냈을 것이다. 하지만 IMF 상황이 되어 금리 급등으로 국고채가 최고 가격일 때에는 부동산이 이미 대폭락을 한 이후였을 것이다.

그 후 IMF 상황이 개선되면서, 즉 금리가 급격히 내릴 때 국고채를 팔았다면 그 수익을 고스란히 누렸을 것이다. 이처럼 아무리 좋은 투자 재산도 팔아야 할 때가 있는 것이다. 또 한 가지 재산에만 전 재산을 몰빵 투자해도 안 된다는 것을 알 수 있다.

10년물 채권이라고 해도 만기일이 1년 남았다면 1년짜리 단기채라는 것도 유념해야 한다. 잔여 만기 일수로 판단한다는 것을 주의하여야 한다. 현재 채권 유통 시장에는 5년물, 10년물 국채와 20년물, 30년물 국채가 거래되고 있으나 거래량이 많지 않으며 국채 발행액도 크지 않아서 시장이 제대로 형성되고 있지 않다.

그러나 선진국을 보면 국채 시장이 발전되어 있으며, 한국도 곧 국채 발행 및 유통 시장이 크게 발전될 계기가 올 것이다. 바로 이번이 그 타임이다. 개인

투자용 국채를 발행하는 정부의 의도가 무엇인가를 파악해야 한다.

지금까지는 각종 세금으로 국가 경영에 필요한 자금을 조달했으나, 조세 저항이라든가 경제 성장과의 관계를 고려하면 선진국처럼 국채로 자금을 조달하는 시기가 곧 올 것이다. 그러려면 국채에도 투기 바람이 불어야 한다.

향후에는 국채의 인기가 치솟아 국채 시장에도 버블이 형성되어 거래되는 일이 생겨날 것이다. 이번의 자산 시장의 대세 상승이 끝나고 나면 늘어나는 복지 수요 등으로 국고채 발행 및 유통 시장이 크게 활성화될 것으로 예상한다. 그 후 디플레이션 경제가 지속되면서 국고채 시장에는 버블이 형성될 것이다.

현재에도 ETF를 통해서 국채를 대량으로 거래할 수는 있지만, 거래가 활발하지 않은 것으로 봐서 아직은 국채 수요가 크지 않음을 알 수 있다. 10년물 국고채 ETF라고 해서 실제로 국고채를 보유하는 것이 아니라 선물이나 채권 수익률에 베팅하는 것이며, 통화안정채권으로 헤징(Hedging)한다.

그러나 금리 변동에 따른 큰 폭의 차익을 노릴 수 있는 상품이므로 타임에 맞춰 투자를 해야 한다. 디플레이션이 진행 중인 것을 감안하면 최고의 투자처가 된다. 이자는 이자대로 받고, 큰 시세차익은 부수적인 수익이 된다.

보다 큰 차익을 노린다면 장기채를 거래해야 한다. 채권 ETF는 원하는 때에 필요한 물량을 사고팔 수 있고, 트레킹 에러가 좀 있을지언정 공정한 가격으로 거래될 것이라 생각된다. 그러나 실물 투자가 더 좋음은 앞에서 이미 설명한 바 있다.

그리고 국고채 ETF 상품들은 배당 수익의 15.4%를 세금으로 납부해야 한다. 매매차익에 대한 양도소득세도 금융투자 소득세라는 이름으로 내년부터 납부해야 함은 물론이다.

챕터 17) 금융투자 소득세와 국고채 투자

2025년부터 시행될 금융투자 소득세 (금융투자와 관련해 발생한 양도소득에 대해 과세하는 세금)는 주식양도차익은 5천만 원, 채권 등의 양도차익은 250만 원이 넘는 차익에 대해 22~27.5%를 과세하는 세금으로 2025년부터 시행 예정이다. '금융자산 양도소득세'라고 이름을 바꿔야 헷갈리지 않을 것 같다. 금융자산별로, 이득과 손실을 전부 합쳐 통산하여 과세한다.

이에 따라서
국채 투자로 번 매매차익이 크다면 막대한 세금을 내야 한다. 금융투자 소득세 제도 도입은 자본의 해외 유출을 초래할 수 있으며, 단기투자를 하게 되는 정책이 되기도 할 것이다.

그러나 펜타곤 투자법에 따라 투자할 때에는 어차피 주식, 아파트, 달러스왑, 예금, 국채를 자산 사이클 순서에 맞춰 순환투자해야 하므로 이제는 이런 이유들 때문에도, 장기투자는 많이 줄어들게 될 것이다. 그동안 주식투자의 구루(Guru)에게서 들어왔던, 주식에 장기투자하면 부자가 된다는 막연한 기대를 버려야 한다. 절대로 그렇지 않기 때문이다.

금투세 제도가 시행되면, 금융자산에 투자한 자금들이 부동산으로 쏠림 현상도 일부 나타날 수 있다.

또한, 과세 구간이 바뀌어 세금이 엄청나게 늘어나는 경우도 생길 것이므로 세금 납부와 절세 방법 등은 점점 전문가들의 손을 거쳐야 하는 세상이 되고 있다.

어차피 개인투자자들이 주식투자로 1년에 5천만 원 이상의 소득을 올리는 사람은 거의 없을 것이므로, 생각보다 충격이 없을 수도 있다. 주로 부유층이 타격을 받는 것이 아닌가 싶다. 하지만, 공평한 과세제도라고는 판단된다.

이 제도가 시행되면 국채의 투자 매력도 상당히 낮아질 것이다. 왜냐하면 이제 채권 매매차익에 대해서도 금융투자 소득세가 부과되기 때문이다.

그렇다고 즉, 금융투자 소득세가 무섭다고, 주식이나 채권 등에 투자를 안 할 수는 없는 일이다. 아무 곳에도 투자를 안 하면 부를 더 늘릴 수 없기 때문이다. 또한, 투자자들은 해외 주식이나 채권, 부동산 투자에 무작정 나서는 일도 없어야 한다.

한국의 롱텀 디플레이션이 치유될 2029년 정도까지는, 한국인들의 투자금은 국내로 귀국도 못 하는 유령 달러(Monster Dollar)가 되므로, 해외에 투자하지 말 것을 강력히 권한다.

적어도 롱텀 디플레이션 현상과 투자법에 대해서 일본은 아주 강력한 한국의 반면(反面)교사인 것이다. 즉 일본의 과거를 보고 한국을 비롯한 세계의 미래를 예측할 수 있다.

Epilogue

지금까지 어느 나라든, 어느 시대든, 국채시장을 포함해, 투자대상 5대 자산들인 주식, 아파트, 달러,예금, 국채는 적어도 10년에 한 번씩, 대붕괴하는 이유와 원인에 대해서 구체적으로 살펴보았다.

사실 지금까지 채권투자에 관해서는 제대로 된 재테크 책이 세상에 나온 적이 없어, 저자로서도 늘 궁금하던 분야였다. 저자도 그동안 단편적으로 알고 있던 채권투자 지식들을 이 저서를 통해 전반적으로 살펴보고 정리한 기회가 된 것을 기쁘게 생각한다.

사상 최대로 가장 많이 발행된 미국 국채의 운명과 미국의 기준금리 급등으로 인한 채권 특히 국채의 대붕괴를 살펴보게 된 것이다. 곧이어 롱텀 디플레이션에 본격 도달한 후의 각 나라의 국채의 장기 폭등 사례도 같이 살펴볼 수 있는 절호의 기회인 것 같다.

준비된 자에게는 남의 위기는 나의 기회다.
큰 부자가 위기 시에 탄생한다는 것은 평범한 진리이다

저자는 한국에만 특별한 국채 투자 사례를 포함하여 국채 투자 전반을 살펴보았다. 사실 이 책은 국채 투자에 관한 일반적인 것과 대박 투자 요령, 위험 회피 수단으로서의 국채 투자에 관한 일반이론을 총정리한 것이다. 즉, 이 팩트들은 어느 시대 어느 나라에서도 발생할 수 있다. 따라서 항상 적용할 수 있는 국채 투자 일반이론이다.

사실, 사람들 특히 각국 정부 당국자들도 정책을 입안할 때에는, 해외 사례를 분석하여 새로운 제도를 도입하거나 개선하는 것이다. 본 저서는 가장 가난한 나라에서 선진국까지 진입한, 한국 개발도상국 시절의 국채를 활용한 경제개발 정책 등등을 포함해서 자세히 분석했다.

이제까지 국채 투자는 큰돈을 운용하는 자들의 전유물이었다. 이제 펜타곤 투자법으로 국채 투자 요령을 정리한 바와 같이, 국채는 재테크 대상 5대 자산인 주식, 아파트, 달러, 예금, 국채의 자산 사이클(Asset Cycle)에 따라, 마지막 5단계 투자단계에서는 반드시 거쳐 가야 하는 투자 수단임을 잊지 말아야 한다.

즉, 10년간 재테크 시에는 반드시 한 번은 거쳐 가야 하는 투자 수단이다. 지금은 일본을 제외한 전 세계가 롱텀 디플레이션 중이다.

간혹 사람들은 저서의 근거가 무엇이냐고 저자에게 묻기도 하지만, 저자는 주로 FRB의 자료를 실증적 근거로 책을 통해서 제시한다. 저자는 어떤 이론가의 이론에 기대서 글을 쓰진 않는다. 전부 독창적이라는 뜻이다. 즉, 저자는 남의 이론이나 책을 인용한 것이 없다.

처음으로 채권버블 특히, 국채버블 붕괴에 관한 책을 썼으므로, 저자는 시중에서 인용할 책이 없기도 하다. 단지 이미 발간된 저자의 책을 다시 참고할 수밖에 없다. 저자가 재테크를 본격 연구하면서 투자한 것이 이제 40년은 되었다. 이미 내 손자 김시윤 군과 손현배 군이 이미 중2, 초교 1년이다.

이젠 유튜브도 Shorts의 시대다. 짧게 요점만 정리해야 독자들도 책을 읽는다. 롱텀 디플레이션 시대에 채권투자 특히 국채투자를 하는 것은 완전한 대박찬스가 된다는 사실. 이것이 바로 국채투자로 부자가 되는 비밀임을 알 수 있다. 이때 반대로 투자한다면 완전히 부가 나뉘게 된다. 부의 초양극화 시대가 도래하는 것이다.

롱텀 디플레이션의 본격화로 투자할 곳이 완전히 사라진 상태에서, 디플레이션이 무서운 게 아니라, 국채가격의 초장기간 상승이 더 무서운 것이다.

일본의 경우 이자율이 장기간 마이너스 금리였다. 이번의 경우에도 한국을 비롯한 전 세계는 과거 일본처럼 마이너스 금리 가까이까지 금리가 내릴 것으로 예측한다.

일본은 32년간이나 겪은 롱텀 디플레이션에서 무사히 탈출했지만, 일본을 제외한 전 세계는 이제 롱텀 디플레이션이 본격 진행될 것으로 보인다. 서브프라임 금융위기와 코로나 사태로 사상 최대로 풀린 달러자금이 인플레이션을 유발했다고 본다.

그러나, 지금의 인플레이션은 롱텀 디플레이션이 진행 중인 중간에 잠시 거쳐 가는 인플레이션으로 본다. 새로운 변수도 있다. 미국 대선에서 트럼프가 다시 당선된다면, 중국에 대한 추가 견제를 위해 중국산 제품들에 추가적인 관세율 인상을 하겠다고 한다. 이에 따라, 인플레이션 기간의 연장이 우려되기도 한다.

미국 우호국에 대해서도 전반적으로 관세를 올릴 것으로 예상되기도 한다. 그렇게 되면 인플레이션을 억제하기 위해서 미국 기준금리의 추가 인상이 예상된다. 결국 인플레이션 및 미국 이자율은 Higher for Longer 상태로 변경될 수 있다. 보다 더 긴 시간 동안, 이 상태가 정상이 될 수도 있는 것이다.

그러나 전 세계의 롱텀 디플레이션이 진행 중인 것 또한, 변하지 않는 사실이다. 지금은, 혼돈의 시대이다. 그러나, 저자가 정리한 채권(국채) 투자 요령은 시간이 좀 늦춰진다고 해서 달라질 것은 없다.

이자율 변동에 따라 대처해 나가면 무조건 성공하는 것이 국채 투자 요령이다. 마지막으로 채권은 국채 외에는 어떤 채권에도 투자하지 말라고 다시 한 번 더 강조한다.

독자들 누구나 이번 기회를 활용해서 국채투자로 큰돈을 벌기를 바란다. 나이가 들어 'Life is beautiful!'이라고 말할 수 있기를 기대하면서 글을 마친다.

2024.6.2.
저자 손대식 올림